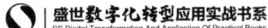

盛世数字化转型应用实战书系
SS Digital Transformation And Application Of Practical Books

数字化营销

杨家诚 ◎ 著

中华工商联合出版社

图书在版编目(CIP)数据

数字化营销 / 杨家诚著. -- 北京：中华工商联合出版社，2021.7
ISBN 978-7-5158-3039-1

Ⅰ.①数… Ⅱ.①杨… Ⅲ.①市场营销学 Ⅳ.①F713.50

中国版本图书馆CIP数据核字（2021）第121876号

数字化营销

作　　者：	杨家诚
出 品 人：	李　梁
责任编辑：	胡小英　马维佳
装帧设计：	周　琼
责任审读：	李　征
责任印制：	迈致红
出版发行：	中华工商联合出版社有限责任公司
印　　刷：	北京毅峰迅捷印刷有限公司
版　　次：	2021年7月第1版
印　　次：	2021年7月第1次印刷
开　　本：	710mm×1020mm　1/16
字　　数：	200千字
印　　张：	13.5
书　　号：	ISBN 978－7－5158－3039－1
定　　价：	68.00元

服务热线：010－58301130－0（前台）
销售热线：010－58302977（网店部）
　　　　　010－58302166（门店部）
　　　　　010－58302837（馆配部、新媒体部）
　　　　　010－58302813（团购部）
地址邮编：北京市西城区西环广场A座
　　　　　19－20层，100044
http://www.chgslcbs.cn
投稿热线：010－58302907（总编室）
投稿邮箱：1621239583@qq.com

工商联版图书
版权所有　侵权必究

凡本社图书出现印装质量问题，请与印务部联系。
联系电话：010－58302915

推荐序 一 Preface

时至当下，全球新冠病毒的肆虐发展，彻底改变了世界经济发展的格局，同时也加速了企业适应新环境的变革速度。从国家的十四五规划中我们可以清晰地看到，加快建设数字中国是未来产业升级的核心任务，也是我们国家的核心国策。从信息技术应用上看，这几年移动互联网、大数据、云计算、AI技术、区块链等新一代信息技术都在加速推进产业向数字化转型进程。数字化转型不仅仅是一次技术变革，更是一次人类认知与思维的革命。为此，除了注重在信息技术领域的技术升级，同时不能忽视数字化营销，只有这样我们才能促进产业的长足发展。

本书中，杨家诚博士从理论到实践，从方法到案例，给我们呈现出一个个鲜活的数字化营销场景。针对企业经营的本质而言，数字化三个字本身不是目的，转型成为数字化企业才是关键中的关键。数据没有生命，真正利用好它的是企业本身的经营管理行为。数据纵横链接，衍生出的商业行为场景无数，既可以洞悉过去，也可以估算将来。但是究其如何精准应用，就要看企业自身的智慧和核心战略把控了。应用大数据、云计算等相关技术在进行企业营销变革的过程中，企业可能会听到各种各样的建议，获取到各种各样的多元化信息，但这一切对企业战略选择而言，也仅仅是一个参考。真正的成果，要通过自身的经营创新、管理创新、战略创新来予以呈现。通过数字化技术衍生成企业核心竞争力，以此作用于市场，作用于快速、高质、高效地满足消费群体的实质需求。最后不仅仅换来了丰厚的经济回报，还为企业赢得人气，创造出了更为激动人心的精神价值。

在这个充满数字化的时代，企业数字化转型首先要解决的核心问题就是让自己时刻具备敏锐的洞察力，一是要实事求是地盘点自身的企业资源状况；二是要有效地评估自身的数字化基础；三是要找到企业自身数字化转型的需求支点。企业唯有全面了解真实的自我，看清市场的本质需求和自我的内在需求，才能更好地立足当下，着眼于美好的未来。也才能将手中的数据工具运用到极致，打造出符合自身个性的，满足市场内外需求的数字化营销体系。

市场营销的核心在于需求的有效供给。它是欲望与满足、需求与供给之间的转化载体。而数字化拼的是数据、算力和算法，此两者之间链接力量之强大已经是有目共睹的。当需求数据与供给数据形成闭环，并且在时间与空间交替转换时，一连串的数据在其相互链接与转化过程中呈现出了一个个特定的网络虚拟场景。这种多元场景已经融入了我们的世界，融入了我们每个人的生活，所以说数字化营销早已经来临了。

本书着重指出了数字化经济时代的市场营销，不再单一地作用于产品、价格、渠道、推销，而是一种通过网络直达人心的过程。就像作者在本书中提出的新观点："只有将现实物理空间、网络虚拟空间、心理情感空间三大空间体系有效融合在一起，才能创造出更符合时代需求的新价值取向。"这正如习近平总书记所说："在互联网经济时代，数据是新的生产要素，是基础性资源和战略性资源，也是重要的生产力。"唯有把握数字化核心，我们才能创造出更多的利益价值，在强大自己的同时，还能用更为饱满充盈的内容回报社会。

总之，这是一个最好的时代，世界从没有像今天这样丰富多彩。因为充满了不确定性，便也拥有了无限的可能性。数据是一个点，是一条线；营销是一个面，是一个体。这种多维的形式正伴随着新技术潮流滚滚而来。新技术、新内容、新场景的创造将指引着人们以全新的视角理解这个世界，重构这个世界，认识这个世界。这无疑是我们的窗口机遇，与之携手，同之奋进，源源不断地创造新价值，一起去实现中华民族伟大复兴的中国梦。

以此为序，供各位读者朋友参考。谢谢！

中国工程院院士、中国科学院计算技术研究所研究员
倪光南

推荐序二 Preface

数字经济是继农业经济、工业经济之后的主要经济形态。数字化转型正在驱动社会生产方式、生活方式和治理方式发生深刻变革，对世界经济、政治和科技格局产生深远影响。数字经济是一个内涵比较宽泛的概念，随着人类社会逐渐进入以数字化为主要标志的新阶段，数字经济的内涵进一步得到了扩展和延伸。近年来，我国深入实施数字经济发展战略，新一代数智技术创新活跃、快速扩散，加速与经济社会各行业各领域深入融合，有力支撑了现代化经济体系的构建和经济社会的高质量发展。

现如今，我们已经身处数字经济这个大潮之中。每一个企业的领导者，都应该紧跟时代发展的步伐，不断更新自己的思维，及时了解外部环境的变化，逐步完善企业管理与运营，并在发展过程中凸显自身的优势。因为企业作为产业社会中特定的经济组织，其成长是从小到大、从弱到强的过程。从可量化的指标来看，企业成长表现为经营业绩、资产规模的持续增长。从企业组织能力角度来看，企业成长指的是组织竞争力的提升。综合来看企业本质就是一个生命体，不断成长就必须与环境互动，这是一个持续不断的选择过程，也是一个机能变化、适者生存的演进进化过程。

当下，数据已然成为了数字经济活动中的核心生产要素，已经成为当今时代企业必须高度重视的一项关键性核心资源。但是就数据谈数据是没有太大的意义，关键是要看这些数据如何创造价值？众所周知,化解对不确定性恐惧的三步曲是对客观世界的理解、预测、控制。从远古到现代，人类一直在努力提高认识世界的水平，以观察世界、理解规律、指导实践，来解释过去、阐明现在、预测未来。终极目的在于提升人类认知水平，努力提高人类驾驭不确定性的能力。而数据要素的价值恰恰就在于重建了人类对客观世界理解、预测、控制的新体系新模式。这也是本书作者杨家诚教授从企业市场营销的视角，着重阐述的核心内容。

我们从企业的视角来看数据如何创造企业营销价值？企业本质是一种配置资源的组织，企业市场竞争的本质就是企业市场资源配置效率的竞争。今天的需求日益碎片化、个性化、场景化、实时化，企业必须思考市场如何取舍？如何缩短产品的供货周期？如何提高一线营销组织的销售产能？如何提高企业品牌价值？所有这些问题，都可以归结为一个问题，就是如何提高企业资源配置效率。今天企业资源优化配置的科学性、实时性、有效性来自于把正确的数据，在正确的时间，以正确的方式，传递给正确的人和机器，这叫"数据流动的自动化"。市场数据流动的自动化，本质是用数据驱动的理性决策替代经验决策。基于"数据+算力+算法"可以对物理世界进行状态描述、原因分析、结果预测、科学决策。"数据+算法"将正确的数据（所承载知识）、在正确的时间、传递给正确的人和机器，以信息流带动技术流、资金流、人才流、物资流，优化资源的配置效率。

这就像作者在本书中表达的"数据化营销的核心并不在于数据化本身，而在于以数据作为助力依托，能够更有效地深入购买群体的内在需求，将原本单一的产品物质化经营向更宽泛的网络维度和心理维度发展。此时企业更迫切想要达成的，是对接于消费者心理的服务体系，创造出更为优质的内容输出，并以此实现个性化、对应化、潮流化运营。为用户也为自己的市场营销带来最真实的利益和价值，这就是数据对企业最核心的价值及其赋能所在。就数据营销的应用而言，并不是所有企业都能做到游刃有余，但身处这个新型的数字化时代，数据化营销的思维是绝对不可忽略的。"

这或许就是数字化营销给予企业的最好馈赠，数据把企业与用户、市场紧密而真实地链接在一起，并从中创造出属于自己的新价值。

家诚教授在本书中创新性地提出了三个空间一体化理论，非常有价值。从数据流动的视角来看，数字化解决了"有数据"的本质问题，网络化解决了"能流动"的载体问题，智能化解决了"自动流动"的技术问题。而这三点，又与现实物理世界空间、网络虚拟数字空间和心理情感思维空间彼此呼应。理论逻辑上无外乎是不断把人类对世界的认知规律通过"数据+算力+算法"的模式嵌入到时代中，把人从繁重的、重复性的工作中解放出来，去做更多更富有创造力的事情。

总之，数字化营销和企业数字化变革已经是大势所趋，这也是时代变革的必经之路。正所谓转型升级时不待我，变革升维只争朝夕。祝愿每一位读者能从本书中获得启迪、完善自我、升维认知，开创属于自己的数字营销新纪元。

寥寥粗笔，仅为序，供参考。

广东财经大学 信息学院院长、教授
贺敏伟

第三次修改这本稿子的时候,我正坐在机场的星巴克咖啡馆里,望着玻璃窗外来来往往的人群。桌上的咖啡飘出浓浓的香气,将紧张混乱的情绪悄然镇定下来,在等待的空隙,我找回了自我空间的舒适感。很多人不晓得,星巴克机场店本身就是源自数字化时代的精心设计。通过数据的指引,星巴克将场景利用得游刃有余,它没有把自己的门店开在高档酒店附近,却在商场、商务中心,甚至在机场安家落户,大家是否想过这究竟是为什么?在我看来,原因很简单,在这样川流不息的人群中,所有的人都丧失了自我空间,而此时一旦出现了一个轻松、相对宁静而又咖香四溢的地方,就很容易被人们选择和青睐。人们需要在嘈杂的氛围里,找到一个可以停靠的地方,重新找回那份自我空间的感觉。可以随波逐流,也可以随时静止,通过一杯咖啡的载体,找回一段独处的时光,看书、写作,甚至发呆,这种感觉本身就是一种难以抵挡的诱惑。外界的空间越是凌乱,对自我空间的渴求就越是强烈。这就是为什么,每个地方的星巴克都有属于自己的风景,人们甘心排队,与其说咖啡给了他们味觉的享受,不如说他们通过这种方式,找回了某种程度的自我,从营销角度来看,绝对是超凡的设计。由此我们可以看出,流动的数字不仅仅只是一段没有情感的数据显示。它囊括了我们生活的方方面面,通过精准地计算洞达人心,营造

出物质空间、网络空间、心理空间三维一体的联脉效果。它源源不断地调整着我们生活的节奏，并将这一节奏系统推演，形成别具特色的消费形式。而更值得庆祝的是，这样多元化的传播渠道和形式，正在引领时代潮流，成为个性的存在，被消费群体青睐，消费需求紧追其后。

很多人说数字化营销是一个热点名词，也是一个时髦的名词。不论是在网络自媒体疯传的潮流时代，还是在人工智能的体系社会，甚至于我们所能看到的、感觉到的任何一种场景以及任何一种商品，都经历了数字化体系的精心设计。以至于每每沉浸其中，总觉得有一种"当我需要的时候刚好遇到你"的感觉。但事实上，数字化营销远远不是只有概念那么简单。数字化销售是一种策略，而数字化营销却是一种理念、一种新型的思维模式、一种数字经济时代的认知革命。它已经成为一种新型营销行动力，成为当下市场营销格局中不可忽略的营销能量枢纽。将理念付诸产品，将产品付诸推广，它会将营销场景与消费体验完美地呈现出来，并立竿见影地作用于市场，作用于消费者的消费心理，作用于物质世界与精神世界的链接。它在传递信息，也在创造价值，其所创造的内容，经过数字化的推演，成了一种更为适用的营销创造和推广方式，满足和完善了消费群体的追求，同时也验证了当下数智技术的强大。它创造着属于自己的生存状态和营销模式，既能卓尔不凡，又从来不脱离实际消费需求。看似玄妙的系列设计之中，牵引的却恰恰是消费群体心理的渴求。呈现这样精准而富有针对性的设计，着实不是一件容易的事。可喜的是，在这个数字化格局变革的时代，种种出乎意料的营销设计，正在通过多元化的创造悄然改变我们的生活。

与以往的营销模式相比，数字化营销并不是一种单一化的、以数据技术驱动为轴心的新营销模式，而是建立以消费者为中心的数智化营销新范式。它所构建的是以智能科技、大数据和云计算为依托的数据生态系统，而形成的全新营销体系，打造的是全新的营销生态，让所有的营销行动变得更加完整而理性，也变得更加有温度、有感情。构建这个营销生态的核心主线是围绕着消费者价值展开的。这个主线就是消费者的购买旅程，是消费者从需求被唤醒、被引领，到自我寻找，再到购买，最后到推荐产品，最终变成忠实粉丝的完整过程。这是一个作用于物质与心理之间的寻觅过程，而追寻的核心目标不再仅仅是如何优化产品，而更多的是如何更好地满足消费者的内在心理情感需求，引领并创造出消费者的新需求。很多时候，产品的角色不再仅仅是产品本身，而是一种连接企业价值输出与消费者价值诉求的核心载体。因此需要源源不断地创造新内容、新思想、新服务、新潮流，用更为多元的方式与消费者建立链接。这是一个由外向内，再由内向外循环伸展和螺旋上升的过程，也是一个持续精准学习的历程。它让我们意识到，为创新而创新，其实没有任何意义，一切都需要经过市场的挑选，一切都需要经得起消费群体的考验。

从理论创建到基础建设，再从基础建设到行动实施，数字化营销体系的核心还是以下四个方面：

消费者。任何产品对应的都是消费者，只有消费者才能真正决定产品的真实价值。所有的产品营销模式创造和跨界都是为了更好地迎合消费者的需求，这就需要企业对消费者需求进行精准把握。很多企业往往忽视的却是消费者的真实需求，他们对消费群体的价值取向把握得不够精准，反倒对自己的竞争对手大力关注，最后争来争去偏离了真正的营销价值取向，无意义的竞争之后，不但错失了最佳的产品营销机会，也将品牌最值得争取的消费群体拒之门外。这就是传统营销模式与数字化营销模式的差别所在，倘若不能精准锁定用户，锁定消费者，产品做得再精致、再完美，也无法真正适应市场需求。

产品。从大数据分析，到产品创造，再到后续的营销内容打造、一系列的营销推广和多元化的营销场景创造，产品（含服务性产品和技术性产品）始终是连接品牌和消费者的载体，无疑起着至关重要的作用。与其说它是一种物质或服务具象的呈现，不如说它是一种别样内容的打造，因为有了它的多元化呈现，品牌才得以更好地融入消费者的生活与精神世界，满足消费者的物质、思想、情感、三观等多样化需求。以它为核心载体了解消费者，再通过它和消费者建立持续的交易关系，从一次性的一单买卖裂变为持续获取消费者的青睐，最后使消费者成为企业终身的伙伴。

渠道。渠道创建与经营代表着一家企业的营销格局水准，即营销区间的高度、宽度、广度和深度。它决定了产品的流转速度，也决定了企业营销体系最为精准的覆盖面积。无论是线下渠道，还是线上渠道，以及企业自我私域渠道，都需要基于消费者全链路、全场景的营销旅程进行构建与打造。所以说对于当下的营销媒介而言，过去一味的暴力营销手段，已经渐渐失去作用，而富有精准性的社群细分与动态细分及其差异化定位，成了当下产品营销推广和渠道建设中最富有价值的核心取向。在数智化技术背景下，渠道不断创新并多元化，更加凸显出巨大的影响力，所以倘若数字化营销不能精准地界定细分渠道和推动渠道演化及其裂变，那意味着企业将无法通过市场考验。自我渠道经营力的降低和营销驱动力的薄弱，将直接影响到产品的核心价值输出及其市场竞争力。

沟通。有效沟通的作用无疑是最大化吸引消费者，但就营销而言，它的内容不仅仅局限于此。产品市场营销的真正意义，不仅仅是一场认购那么简单。企业想要具有长足的发展潜能，核心内容在于你要为物性的产品传播打造一种精神，一种瞬间吸引消费者的亲和力，一旦这种精神成为大众认知潮流，满足他们内心的价值取向，品牌与消费者的链接才能形成，产品才能真正作用于"心"。由此可见，真正的企业广告一定是和消费者站在一边的，知道消费者需要什么，了解到消费者在什么环境下生活，这

前　言

样企业及其产品的信息与传播才能带着营销精神、营销理念，渗透到消费者的精神世界。

由此看来，数字化营销最重要的是，找到自己适合的角度，回归物性与精神相融合的基本层面；精准定位数字化营销理念，构建全链路全场景数字化营销体系；精准付诸行动。这意味着营销过程中的每一步，都需要脚踏实地与精准定位。创造的内容一定要深入人心，既能用理想震撼心灵，又能依据市场实际灵活呈现。我们需要在链接中不断地思考，不断地深入产品课题，更需要一步步精准洞察消费者内在的本质需求，将其物质需求与精神需求并肩落地。这是一份责任，也是一份使命。在数字化经济大潮中，在智能科技、大数据、云计算等数智技术推演的时代，谁把握了数字化营销体系的核心，谁洞察到了消费者需求的本质，谁就能源源不断地创造市场价值，并以此为基准，玩转市场，赢得巨大的利润和商机。

从一杯咖啡到拙作的梳理，三个小时过去了，我的内心也宛若经历了一场自我的洗礼。本书从理论提出到实际运用，再到经典案例剖析，可以帮你大刀阔斧地改良思路，领略一场数字化营销的使命盛宴。也助你更好地驾驭数字化营销工具，更优化地完善产品，有效地结合经验，最佳地打造内容。

市场与时空联脉，思想与物性齐飞，这是一个了不起的时代，也是一场空前的营销变革。祝愿并希冀每一位读者都能在阅读中寻觅到触动自身内在营销灵性的支点，从中凝练与顿悟，开拓一条适合自我、属于自我的数字化营销之路。美好的期待本身就是一个崭新的开始，让我们一起翻开数字化营销变革的第一页吧！

杨家诚

2021年春分

Part 1 理论篇：
企业要不要做数字化营销

第一章　数字化营销定位：这是一个"黑天鹅"遍地的数字化营销时代 / 003

　　定义：数字化转型和数字化营销 / 004

　　范式：数字化时代，传统企业如何焕发活力 / 007

　　模式：以用户为核心的数字化营销模式 / 014

　　建设：从企业产品建设到用户生态建设 / 021

　　元素：藏在数字化营销体系中的核心要素 / 025

　　理念：那些数字化营销体系中不可忽视的转变 / 038

　　蜕变：变与不变，那些数字化营销体系中的时代特色 / 043

Part 2 运营篇：
广告精准投放与品牌传播法则

第二章　数字化品牌运营：企业如何进行品牌突围与品牌建设 / 055

　　优化思路，锁定品牌建设的发展属性 / 056

从树立品牌，到精准定位 / 061

建造自由阵地，构建长效品牌营销机制 / 064

框架重构，建立一流的数字化品牌建设体系 / 067

第三章　数字化广告运营：企业如何进行广告营销与投放 / 071

优化逻辑，一张谁都想要的变革思维导图 / 072

广告的力量与渠道的力量 / 076

内容为王，完善好产品标签上的新标语 / 080

模式蜕变，新型广告运营模式下的"互动效应" / 085

第四章　洞察用户行为：用户的数字化画像与识别 / 089

用户画像为什么如此重要 / 090

完美链接，先从完善好营销路径开始 / 092

以用户为核心的"铁三角" / 094

制作一张完美的用户旅程地图 / 097

第五章　体验至尚：浅谈企业数字化体验的重构与创新 / 101

如何有效提升数字化用户体验 / 102

"好体验，好商业"，企业如何把好这一关 / 105

藏在数字化营销体验中的5S原则 / 111

创造需求，最重要的是提升用户思维 / 116

目 录

Part 3 营销篇：
如何提升用户转化率

第六章 自媒体营销：企业如何借助数字化建立自有流量池 / 125
  是媒体意识，还是全民意识 / 126
  垂直领域自媒体矩阵的运营策略 / 129
  什么才是大数据时代的精准自媒体营销 / 134

第七章 短视频营销：企业如何借助数字化引爆流量 / 137
  锁定受众，快速挖掘用户潜能 / 138
  搭建关系，营造一流的品牌营销体系 / 141
  短视频营销，先从把握九个关键数据开始 / 144
  有效分享，构建属于自己的短视频生态圈 / 148

第八章 直播营销：掌握战法才能独步天下 / 151
  低成本见效快，直播营销火爆的真实秘密 / 152
  抓眼球的，才能产生轰动效应 / 154
  发挥直播优势，打造独具匠心的数字营销板块 / 158
  沉浸式渐进，打造泛娱式营销氛围 / 160

第九章 社群营销：数字化营销类别的主流航母 / 163
  建立社群文化，让营销充满特色底蕴 / 164
  社群运作，数字化营销中的人情战役 / 167
  社群经营，数字化营销时代的大势所趋 / 171

第十章 AI营销：企业如何借助数字化让品牌推广更立体 / 175

AI营销已来，去寻找心中的"阿尔法"吧 / 176

新时代的商业逻辑，"云+AI+5G"的超级聚变 / 179

AI营销深水区，完成从数据到价值的历程 / 181

第十一章 跨界营销：商业巨变的核心"风暴" / 187

颠覆传统，跨界与营销的强强联合 / 188

跨界营销，没有"1+1=2"那么简单 / 192

从跨界到无界，及时触网适时转变 / 195

Part ① 理论篇：企业要不要做数字化营销

第一章

数字化营销定位：
这是一个"黑天鹅"遍地的数字化营销时代

定义：数字化转型和数字化营销

中国信息通信研究院发布的《中国数字经济发展白皮书（2020年）》指出，从生产力和生产关系的角度来看，数字经济由数字产业化、产业数字化、数字化治理和数据价值化四个部分构成，其中数字产业化、产业数字化是数字经济的核心产业。

随着信息技术的发展和应用不断普及与深化，我们可以把企业信息化到互联网化过程划分为以下三个阶段：

第一阶段，1985年到2005年的企业信息化时代；

第二阶段，2000年到2020年的消费互联网时代；

第三阶段，2015年到2035年的数字化经济时代。

因此，当前中国社会发展已经进行到互联网时代下半场，正在完成消费互联网时代到数字化经济时代的过渡。其所要解决的问题实质，就是消费群体和企业品牌联脉的对接关系，而产业数字化则是聚焦垂直产业链的运行成本与交易效率，这也正是在当下数据爆炸时代，企业转型中最为核心的内置所在，也是整个"中观"经济运行效率的核心内涵。

如今数字化转型，数智化变革，对于企业来说已经不再是一个新鲜

第一章 | 数字化营销定位：这是一个"黑天鹅"遍地的数字化营销时代

的词汇，工具摆在那里，不管你用还是不用，它的价值就在那里，不多不少。不管你看还是不看，市场就在那里，随时在变。不管你想还是不想，事实就在那里，从未消逝。但倘若你真正意义上洞察到它的作用，那么很可能在下一秒，一个世界的大跨越将伴随着数据的流淌应运而生，它将改变企业、改变灵魂、作用人心，它将超越曾经固有的一切惯性模式，成为一种深受大众追捧的时尚，将企业的文化与获益推向高潮，这或许是任何企业都不会拒绝的诱惑力，以最小的付出博取最大的利益，一切都是那么地符合商业水准，一切又是如此地顺应市场脉络。数据就像是摆在我们的面前的一块蛋糕，你可以任意地用自己的方式切割和享用，创造更多的玩儿法，而就此它所带给你的价值，早已经不是吃下去那么简单了。

产品是硬性的，可营销模式却是一种软实力，如果在数字化体系下对数字化营销进行定义，我的理解是：以数字化的知识和信息作为核心营销要素，以数字化技术和信息网络技术作为营销关键的核心驱动力，以现代信息网络作为重要的载体，通过数字化技术与智能技术重构营销场景，提高全链路全网全景与营销效能的一系列新型营销活动与营销形态。

确实听起来有点绕口，那就让我们通过案例的形式对这一课题加以诠释，你就会发现，生活中处处都是数字化营销的影子，它与我们之间的关系从来都不是死板的教条，而是一种在细枝末节中体现的便利和改变。

倘若单一地让你去思考，啤酒和尿布这两件事简直是风马牛不相及，但经过沃尔玛的数字化营销策略后，这两样东西便成了一对亲密的伴侣，被同时摆放在显眼的货架上。很多美国新爸爸为孩子买尿布的时候，都喜欢顺手买几瓶啤酒。为此，沃尔玛就根据这个相关性的数据，把啤酒和尿布这两个看起来毫不相关的产品放在了一起，并因此获得了相当不错的销量。

现如今不要说大数据，即便是拿出某个单一产品的用户数据进行分析，只需要企业在营销经营上稍做调整，都很有可能赢得相当不错的营销业绩。这就是为什么当下稍微有点规模的企业，都如此钟爱于构建数字化营销战略体系的原因。

阿里巴巴对数据的忠实渴求，让他们喊出了："数据就是除了石油之外的第一竞争资源"。也有人说阿里目前在本质上是一家数据公司，它不断地收购、投资线上线下各个领域的企业平台，一旦打通了这些平台之间的用户数据，用户画像就会越来越完整，对用户需求的洞察也会更为精准。由此我们可以看出，在数据真实的前提下，谁占据的有效数据越多，谁拥有的数据内容最完整，谁把握营销市场的驱力分析就会越到位。在市场营销中人们迫切地需要精准明晰用户需求、满足用户需求又能节约成本，同时又能最大化地有效形成满足市场需求的边际效应，这一系列看似很难的问题，有了数据的支持，其实就不难解决，剩下的就要看企业自己的智慧和实力了。

其实数据化经营的核心并不在于数据化本身，而在于以数据作为助力依托，能够更有效地深入购买群体的内在需求，将原本单一的产品物质化经营，向更宽泛的网络维度和心理维度发展。此时企业更迫切地想要达成的，是对接于消费者心理的服务体系，创造更为优质的内容输出，并以此实现潮流化运营，为用户也为自己的品牌运营带来最真实的利益和价值，这就是数据对企业最核心的赋能价值所在。或许就数据营销的应用而言，并不是所有企业都能做到游刃有余，但对应于这个新的时代，数据化营销的思维是绝对不容忽视的。

2019年6月的一天，Vans中国在数据调研的过程中发现，很多消费者都在社交媒体上讨论一位历史名人"王安石"，而王安石的英文名也被戏剧性地改为"Vans"。这个"大开脑洞"的玩笑迅速爆红网络，让Vans中国捕捉到了头条热点。紧跟着，Vans的官方社交媒体账号发布了王安石的卡通肖像，画中的王安石身穿一件基础款黑色Vans T恤衫，胸口印着Vans的品牌标识，LOGO下面的画板上则标注着Vans的广告语"OFF THE WALL"。Vans还发起王安石征集活动，鼓励年轻人表达创意，创作形式不限，你可以涂鸦，可以动画，可以手绘，也可以RAP。优秀作品的创作者会得到由Vans送出的一份大礼。

官方这么一玩儿，激发起网友更强大的热情和创作欲望，一系列有关王安石英文名的作品应运而生，壁纸、动漫的文创产品顺势成为品牌运营内容的助力，该话题的讨论度也一路高涨，讨论量最终达到了1.2亿，这样的推广运营效率，不用说，大家有目共睹。简直让人难以置信，这样的赋能实在太强大了。

尽管数据作为工具，有没有用，有没有价值，完全要看企业自身如何对数据进行分析和应用，但从客观角度来说，数据对目前的营销和企业经营来说，已经是一个非常重要的核心要素了。不论怎样，有一点是不可否定的，那就是数据营销对企业和企业的品牌运营乃至于后续整体的营销战略体系，都是最有价值、最有参考意义的。

范式：数字化时代，传统企业如何焕发活力

作为一个资深的企业经营管理咨询顾问，我发现一个非常有趣的现象，那就是没有哪家企业的CEO、CMO或CSO会宣称自己没有战略，哪怕他们把经营计划、规划文件等一系列的内容看成是自己整个营销体系中

的核心战略。说到"战略"这个词，营销战略大师理查德·鲁梅尔特在畅销书《好战略，坏战略》中说过一句话：也许没人会否认自己善于使用战略，但是你所采取的战略真的未必就是最好的战略。他在书中阐述道："战略的核心目的就是选择一条对等创新，不断实现内心抱负的道路，确定领导力和决心应该服务于你和你心中的核心目标。究竟目标是什么，应该采取什么样的方式，根据不同的核心用户采取怎样的服务和营销方式？这些才是最为核心、最要考虑的问题，一切都要朝着这个方向运作，一切都是以自己欲望达成为核心目标来服务的。"

因为从事过多年哲学领域的研究与教学工作，我深知世界观对一个人的价值观的启迪作用。对于世间万物，只需要问自己三个为什么，便可以马上进入一个高层次的思想领域，而战略思考就是帮助我们更好地达成内心期望的一种思维方式。围绕着内心不断反省和自我觉知，我们需要先把自己的逻辑调整清楚，既然一切都要围绕着一个或多个核心目的，那么至少我们需要先搞清楚三件事，那就是当下的自己想做什么、能做什么、可做什么。下面就让我们结合上述的三个问题，好好地探讨一下：

一、想什么（起心动念，想要什么）

就数字化营销而言，我们首先要把握好的就是自己内心的欲求。我们想什么？我们渴望得到什么？如何兑现自己的渴望？这种精神意志不单单存续在消费体系中，还是整个企业经营成就中最为重要的内核部分。它往往是相对的，所以一定要将自我需求与用户的需求有效地连接在一起。老实说做出这样的判断很耗费精力，所以还是要有工具的助力。强大的数据能够帮你精准把握用户的需求，从而帮助我们更有效率地制定品牌战略，优化自身产品的创作初心，如果初心从一开始就很有凝聚力，自然会在市场运营中发挥出最好的效果。用户的心中所想，全部融进了产品本身，价值认同伴随着消费认同，直到最终的品牌认同。消费格局的改变伴随着效率的迭代，从一个点到一个群落，潮流就此孕育而生。

二、能做什么（完成夙愿的能力）

所谓能做什么，其核心就是你的能力，这个能力是多元化的，你能连接怎样的资源和能力决定了你市场体系的驱动力。世界之大，我们想拥有的东西太多，但很多内容都是暂时的，就好比我们看过的书、走过的路、经历过的事情。这些琐碎的内容穿插进生活，形成了一段暂时的需求，而就长远而言，每个人的需求都是在不断变化着的。这个时候，再抱着原有的工具肯定是不合适的，与其恋恋不舍，不如开始自己新的选择，而这就是我们自我改变的契机。所有的工具都是时代脉搏中为我所用的"点"，资源在哪里，数据就在哪里。但是如果你想让自己越来越好的话，就不要总是安于现状，或是内心执着于固有的稳定，而是要将自己的内在资源好好地加以利用。怎样将这些可持续的"点"穿成一条线，形成一个最佳的方案，这才是作为一个企业，乃至个人在这个时代的思想大潮中最该做的事情。

三、可做什么（对眼前一切所进行的选择）

正所谓三百六十行，行行出状元。最重要的就是要看清楚，自己适合什么样的行业，又适合什么样的自我经营方式。在大数据时代，很多人都看中了数字化的价值含量，但并不是每一个人在面对它的时候，都能够真正切实地把握自己的生命脉络。当我们真正地选择了自己擅长的领域，就会下意识地想要更多了解这一领域的个性和需要，而在这些个性和需要中，最富有建设意义的就是我们对于事物整体趋势的把握。就个人而言，

数字化营销 | SHUZIHUA YINGXIAO

我们需要了解领域的生命力取向，未来的前景和发展，而企业则更要清晰准确地预测行业的发展趋势和精准界定行业的主体需求，看看这些用户对于产品的真实需求是什么，这些需求的真伪辨别内在的生命力到底有多大。倘若这个时候我们能够在产品特殊领域发挥优势，同时更有效地创造消费者内在需求动力的主体价值，树立好完美的品牌概念，那么很可能在下一秒，你将成为整个时代潮流的主导者，成为用户的青睐对象。而就产品而言，只要能够把握核心的主流，必然会有相当不错的营销前景。

数字化时代的企业营销战略，其核心的出发点在于用户的精准，而非企业本身。既然一切都可以重新定义，那就意味着一切皆有可能。不管在什么时候，身处于未知的状态往往就是创造巨大价值的开始。就数字化时代的战略而言，相比于往昔传统行业的战略思想，其内在的逻辑与过去早已大不相同。从旧时代到新时代，我们发现，工业时代与数字化时代之间是没有任何连续性的，也就是说，如果你现在做得很好，也并不意味着你能在数字化时代里吃得开。曾经有一句富有哲理的话让我印象深刻，那就是：沿着旧地图，一定找不到新大陆。现在和未来很可能有着很大的一个鸿沟，不同的商业模式之间，存在着很多的浮动和断点，谁也不知道下一个未知意味着什么，但就逻辑来说，一成不变一定是缺乏智慧的，谁能顺应变化，把握变化，谁就能够在这个特殊的数字化时代把握机遇，占据绝对性的领先优势。我们在重新定义自己的同时，重新定义了自己的领域，定义了自己的行业，定义了一个截然不同的开始。

比如零售与新零售之间，传统零售行业的核心价值点是人、货、场，就是一定要有客流、货品、卖场。很多传统零售企业经营者都很清楚这一点，在他们的概念中，选址、把握好产品的质地选择，才是最关键的。

但就新零售而言，彻底颠覆了传统零售的经营管理逻辑思维。原因就在于它将整个行业的断点全部打开了。新零售运用数据和智能技术等新科技,围绕线上线下解决的核心是人与货的效率问题和用户消费场景体验问题。这使得它的货比传统零售要多得多,同时提供支付与配送服务。它给予了消费者更多的便利。它不强调卖场,而是强调用户体验。因此我们会发现:新零售加上餐饮等更多跨界活动,使整个商业的运作逻辑体系发生了翻天覆地的变化。

数字化时代的战略变化决定了战略形式导向的更新。就核心而言,情况主要涵盖了四个方面,即连接器、重构者、颠覆者和新物种(见图1-1)。

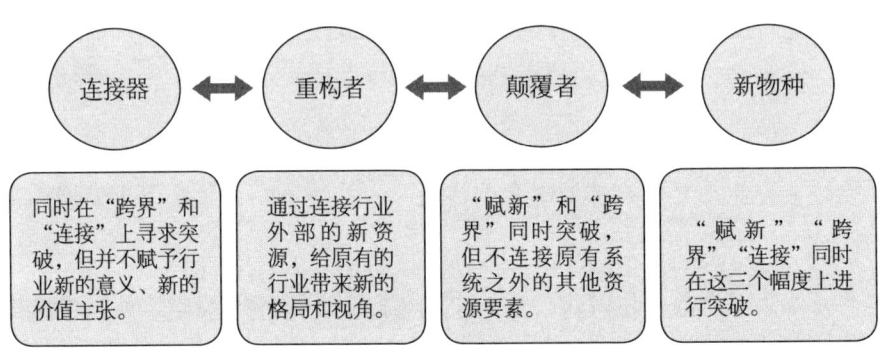

图1-1 从竞争逻辑到共生逻辑

资料来源:本图及其理论源自北京大学国发院陈春花教授的研发。

一、连接器:跨界和连接,但没有赋新

连接器同时在跨界和连接上寻求突破,但并不赋予行业新的意义,或定义新的价值主张。比如"得到"这个教育平台,它没有重新定义教育,也没有重新定义知识学习,但它做了跨界和连接,把音频技术跟传媒连接起来,把所有词汇连接起来,产生了一个商业规模,这就是"连接器"。

二、重构者：赋新和连接，但没有跨界

重构者就是通过连接行业外部的新资源，给原有的行业带来新的格局和视角。它没有跨界，而是在原有行业里进行赋新和连接。

三、颠覆者：赋新和跨界，但没有连接

颠覆者是同时在赋新和跨界上突破，但不连接原有系统之外的其他资源。

四、新物种：赋新、跨界和连接

新物种是同时在赋新、跨界和连接三方面上进行突破，赋新、跨界和连接全部都做。这就需要我们重新认知数字化时代的战略逻辑，要清楚地知道数字化时代的战略逻辑跟工业时代战略逻辑已经发生了本质的蜕变，因此每个企业乃至个人都要学会调整自己，并在不断调整中寻求发展（见图1-2）。

另外，因为数字化时代战略的空间可以不断地重新设定，所以带给企业的空间更大，数字化时代就不存在空间不够的问题，你可以重新定义空间。这也正是我们需要看到的变化。

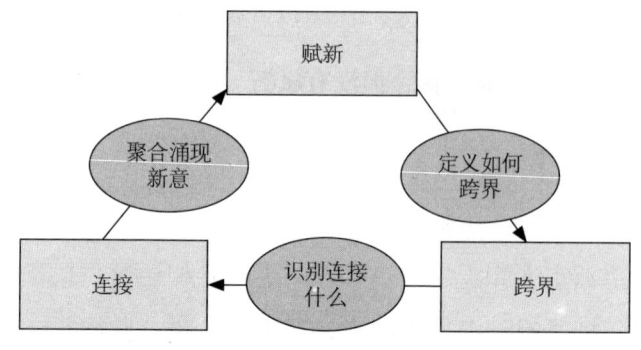

图1-2 可持续数字战略的实施路径

资料来源：本图源自北京大学国发院陈春花教授的研发。

好的战略通常具有以下三点基本的内在结构：

1. 诊断

即判断矛盾的本质。好的战略诊断会明晰地罗列出各种战略趋势和战略诉求业态，并抽丝剥茧式地抽离出形成未来趋势的核心要素与核心矛盾。同时结合自身所处形势的优劣势，确定某些问题为突破口及关键点，从而将通常较为复杂的现实矛盾化繁为简。

2. 确立针对性方针与总体策略

即针对诊断中确定核心"问题难点"选择适合的应对总方针及其总体策略。

3. 形成有条理的落地方案及其实施行动

即目标一体化的、相互支撑的、相互协调的，为支持针对性战略方针和战略实施方案得以顺利执行的若干实施步骤。

不可否认，这是一个崭新的数字化时代，在这个机遇与创新并存的时代，我们拥有了更多的发展形式和契机。网络与大数据的应用，将更多的信息系统地整合，使我们更为清晰地了解了用户需求，也更为清晰地了解了自己。

当一切全都在数据工具的形式下，呈现在我们面前，下一步的战略将变得更加精准，更富有前瞻性和方向性。我们不但可以在数字化产业链中不断地优化自身的格局和营销体系，还能不断地创新概念，不断地带动潮流，将自己的产品以全新的形态和品牌文化呈现给消费群体。而就营销理念而言，当服务取代了原有传统产业链中的产品价值定位，当一系列的新型快捷连接开始在智能化的机制中开辟出一个全能的市场，所谓的革新会伴随着布局一点点打开一个全新的战略局面。当下的我们最需要的就是熟练地应用工具，掌握其中的评估技能和分析体系，从而更有效地把握用户的各方面需求，优化产品的内在科技含量并创新，这样才能更好地凸显自身的行业价值和生存价值,这也必然会成为数字化时代企业转型的必经之路。

模式:以用户为核心的数字化营销模式

过去的我们看待世界的角度是很直观的,所谓相由心生,因为内心存在偏执,我们过分地在意感受,想当然地信任于自身的感觉。企业也是如此,凭借直觉,我们推行着自我认同的营销模式,可最终的结果证明,我们的战略是失败的。明明自己觉得已经尽善尽美,但就是吸引不了用户,其核心问题就在于我们猜错了用户想要什么,所有的潮流都是建立在需求的基础上的。不论营销体系多完善,如果需求把握不完整,只要对方说一句:"对不起,我不需要!"一切就都化为了泡影。

所谓的营销推广,核心是要把自己的产品推销出去,这是一种需求的连接,而产品就是这个连接供给和需求的节点,其中蕴含的生意在于,我们该如何让对方最大限度地接受自己。让用户了解你的理念,认同你的玩法,对产品抱有相同的渴求和态度,这绝对需要一个巧妙的联结方式,让用户无形中成为自己产品的拥护者,对品牌保持深度的信赖,想要做到这些,就要在营销模式上做好功课。需求背后对应的是精准到位的服务机制,唯有在需求、服务、消费,认同的运营模式中构建闭环,才能更好地维系用户与产品之间的链接关系,打造自己的文化,树立心与心的共识,从而更好地经营自己的品牌,更好地在这个竞争愈发激烈的时代存活下来。尽管就营销行为来说,活下来的方式有千万种,但核心都是一样:得用户者得天下。没有了用户,也就没有了其他,说得再多,做得再漂亮,没人关注，便没有了存在的价值和意义。

那么究竟我们的数字化营销体系与用户之间的链接关系是怎样的呢？从理念上说，与其单一地与物质世界链接，不如将维度无限地拓宽。这时候你会发现，当产品投入用户市场，它所赋予的内容绝对不仅仅是使用那么简单。使用价值固然重要，但心理价值更重要，不论是发现产品，还是了解产品，乃至于购买产品，其中的精神作用和心理作用都是不可忽视的。从需求到寻找，从寻找到了解，从了解到认同，从认同到选择，从选择到青睐，从青睐到信任，从信任到专宠，这个过程是所有企业在营销体系中所追求的方向，那么这种结果究竟是在怎样的链接下达成的呢？下面就让我们通过图1-3的路线图来了解吧！

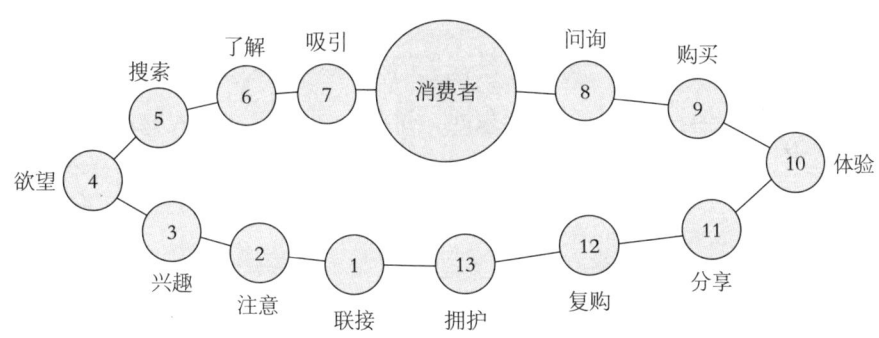

图1-3 用户购买行为活动路径

一、联接

产品的出现，以及后续营销体系的延伸，最重要的内容部分在于联接。所有的产品都是建立在有用的基础上，这也意味着它的出现必须与用户的需求画等号。或许当时，这种需求仅仅是一个潜在的意向，或许这种意向已经成为用户生活中对于物质世界的某种期待。一旦这种需求产生，其所连带产生的产品才能真正意义上获得价值。产品只有找到自己的需求群体，才能保证自己进入市场后的经济价值。它起初是一种精神的渴望，其次是整个产品多元化服务体系的创造，最后便是作用于内在欲求和外在行为的价值。达成了这种联接，才能有效地构建后续进一步消费体系的基础，倘若在这个基本点上出现了判断失误，那么很可能你所创造出的产品会因为联接体系的判断失误而失去市场。产品的质量再精，模式再新颖，如果无法与消费者的欲求联接起来，一切也只能是白费力气，这些很快会在市场中得到印证。

二、注意

有了需求意向的连接，自然就会在脑海中模拟出相应的雏形，这是一个人大脑自然的运作过程。我们会用自己的想象，去思考自己所需求的东西。这看似是一种创造，实际上是我们内心渴求的体现。我们会下意识地倾向于去关注自己大脑中渴求的东西，这是一种来自我们大脑最自然的连接，是一个内在意识自然的选择过程，因为有了触动，所以才有了后续的靠近，我们与产品之间的连接，就已经正式开始了。

三、兴趣

当自己的内在需求在潜意识中有了初步的筛选，核心内容就会在脑海中不断地浮现，接下来，我们的意识会自然地将需求的内容衍生成为某种兴趣。你会欣然将自己的关注点聚焦在一些自己感兴趣的事物上，触动内心的需求欲望。这种需求欲望会因为内在的需要，而逐渐地强烈起来，以至于它的形态、构造，还有其所能发挥的功效和作用都在你的脑海中逐渐清晰起来，于是，我们的心中便因此莫名地产生了期待。"倘若这个时候，有这样一个东西的话……"此刻围绕需求的想象成了进行时，虽然我们还不知道这个产品对自己来说意味着什么，甚至还不清楚它将会是一种怎样的呈现，但在兴趣的推动下，这股信念慢慢凝聚成力量，它就是我们内在自然形成的欲望。

四、欲望

当兴趣作用于欲望的时候，我们内心的渴求将会变得越来越强烈。此时我们开始意识到自身欲念中所涵盖的内容，我们极力渴求着欲望被满足，而这种渴求变得越发的直接而强烈，以至于我们一看到相关的产品，或者一接收到相关的信息，整个神经就会因此被牵动起来。我们会因此而兴奋，会因此而眼前一亮。欲望在推动着我们寻找，倘若这个时候，与心中渴求的产品不期而遇，那么除了价格质量等多方面的考虑之外，它很可能快速地渗透进我们的思想，吸引我们的眼球，先入为主地形成内置，化作前期购买欲和购买选择的前期条件。

五、搜索

因为已经听说了这个产品，而这个产品的一切都与自己的内在欲求相匹配，此时在信念的驱动下我们已经有了欲得心。而出于本能，我们会进一步地对心中渴求的内容加以搜索。我们愿意花费时间去了解它，愿意利用一切资源去寻觅、搜索它，而此时这个产品已经成为自己意识生活中不可缺少的一部分。它的样子总是莫名地在大脑中招摇着，催化着我们自身的渴求，也不断推动着我们的了解欲。我们需要在搜索的过程中，将产品的内置、作用、功效与自己内心的渴求一一对应，因为有了搜索的环节，产品所有的一切都在我们苦苦地寻觅下变得越来越清晰。

六、了解

当我们终于搜索到了相关的产品，凭借本能的理智，我们不会立刻就为自己发热的大脑买单。我们会不断地思考它、了解它，直到真正意义地被它的内置征服，直到确定它就是自己心中所要选择的那一个。我们会在多元化的产品链接中对应自己的需求。我们会不断地深入产品，同时也深入自己内心的探求，就此开始意识到，有这样一种产品，确实是对应我们需要的，我们需要把这一切融入自己的生活当中，同时也把这一切融入我们现实的购买选择里。因为有了这种深入的了解，我们会更坚定自己的选择，当然也会更容易被相关产品吸引。我们会乐此不疲地投入更多的精力，因为需要，所以这种了解会一直持续。

七、吸引

因为对产品有了深入的了解，它的功效、作用，乃至形态的要求，便一点点渗入了我们意识。当我们内心的欲求在这一刻与产品的功能一一对应，我们对这一切的渴求就会受到触动，并逐步亢奋起来。我们本能地被眼前的产品吸引了，无论是概念、文化，还是它的内置、功能，所有的一切都在不断地与自己内心的选择对应，一旦这一切在某种程度上有了一个可操作性的兑现或承诺，我们就会本能地对其产生兴趣，而这种兴趣促成了我们的靠近，而靠近之后，同时更深入地探寻就此拉开序幕。

八、问询

当自己心仪的产品就这样摆在自己面前的时候，内心所产生的渴求使我们很难抵挡诱惑。我们迫切地想要去询问它的一切，就好像遇到心仪之人一样。产品的每一个细节、每一项功能，我们都迫切地想要对应自己的选择，寻求一个更深层次意义的肯定。于是我们会下意识地征询身边专业人士的意见，看看这件产品是不是与内心所想的对等，如若一切称心如意，后续的选择就会"不顾一切"，由此可见，这种"对号入座"的询问已经成为我们购买前的一道铺垫。

九、购买

当然"购买"是所有商家最迫切想要达成的结果。因为选择了产品，所以在购买的那一刻起，产品的价值，以及其所连带的品牌影响力，会悄无声息地渗透进购买者的意识，产品以及生产产品的企业才能有机会更进一步地与购买群体进行互动。购买意味着产品融入了购买者的生活，而下一步，将进入最迫切的体验阶段。不论是产品带来的体验享受，还是后续的服务，对于商家而言，与用户真正意义上的链接才刚刚开始，此时的用户才成为验证产品价值的直接参与者。

十、体验

就体验而言，每一个消费者在使用产品的时候都是满怀期待的。因为在购买之前，这些产品已经与消费者的欲求相对应，而接下来的内容，就是要验证这种体验是不是真的能够如自己心中所想，能给自己带来全新的享受和价值。产品与体验的链接，将最大意义上的验证其真实的价值。我们会在体验的沉浸中对产品的好坏做出自己的判断。如若它能够给我们带来理想的体验，那么这种美好的体验，就会迫使我们成为产品价值的宣传者，同时将自己的体会分享给更多的人。

十一、分享

因为产品的体验实在是太满意了，所以我们的内心会产生一种迫切的分享欲望。不论是出于内心的某种诠释的需要，还是要满足自己的虚荣心。遇到别人询问，甚至别人没有询问的时候，我们都会自觉或不自觉地对产品进行分享。这种分享的感觉同样可以给消费者带来快乐，而这种快乐也悄然地在传递的过程中在他人身上产生作用。大家会因为朋友的分享，而莫名地对这个陌生的产品多一分兴趣，即便是之前对此产品闻所未闻，秉持着对朋友的信任，也会下意识地产生购买欲。

十二、复购

因为有了美好的购买体验，所以用户会本能地对产品产生认同。我们会认同它的概念、它的形态、它所带来的感受，同时也认同它的价值。一切的一切都在这种不断的认同中拉近了距离，以至于最终产品成了用户生活的一部分，产生了复购的欲望。这种欲望伴随着认同使我们与产品、与品牌之间的感情更加地深化了。我们很有可能成为产品的忠实用户，成为产品的粉丝，成为品牌的拥护者，因为产品的质量实在太好了，所以我们会不断重复购买，而在这种重复购买中，我们一次又一次地了解产品，也深化了内在的需要，以至于每一次购买，都伴随着一种美好的价值体验，而每一次购买，都将进一步加深用户与产品之间的链接。

十三、拥护

有了完美的体验，有了重复购买的经历，产品与用户之间的关系变得更亲密了。甚至每每谈到它心中就会产生一种特殊的感情，好像一个多年相伴的老朋友，俨然已经成为自己生活中的一部分，每当自己在这一领域产生欲求，就会直接想到它的存在。于是这种美好的经历成了用户所拥护、传播的对象。看到其他人对产品的肯定，仿佛是在肯定用户自身，心中不断产生的拥护之情，会让他们本能地对产品的品牌效应产生情感，而这种感情很可能会慢慢变为狂热，对于品牌的青睐让他们顺势接受品牌下产品的一切，以至于最终产品与内心狂热合一，自己也就无形中成了产品的代言人，甘心情愿地将它的价值与完美的体验传播给更多的人。

很显然，这十三个消费过程中的依循路径是线上线下一体化的。有了线上线下的空间和线下的搜索，整个流程便清晰地诠释了出来。所有的一切都在作用于消费者，而消费者的拥护可以说是整个流程中的核心。消费者作为最核心的元素，带动其他元素形成了产品营销体系作用下的活动形式，这就是营销模式中最为真实的呈现。它俨然成了一种营销的范式，伴随着消费体验与服务购买的流程变得日趋完善了。

建设：从企业产品建设到用户生态建设

工业时代的产品链接用户的成本巨大，不得不依赖广告，而数字经济时代，产品链接用户的成本基本为零，产品本身就是广告。

当产品处于建设领域当中，我们不能绝对地相信自己的直觉。很多时候，我们自己认为当下的产品已经占足了优势，可最终在事实的验证中却总是会莫名地失效，因为真正的市场需求并不像我们想的那样。时下的产品多样，消费者们所面对的产品是否真的都能对应自身的内在需求？是不是都可以让自己买账？都不是绝对的。而这种对于需求的把控力，却是整个产品能够占据市场的关键。我们可以说市场从来都不是一个耐心的等待者，一旦你参悟不到点上，手里的产品就会顺势沉入大海，竞争如此激烈，用户的需求也在激烈的竞争中步步高升。所有的产品都无法在第一时间做到完美，而这就是所谓的不可知论，想要让自己手中的资本经得起推敲，产品质量仅仅是一方面，其所蕴含的文化、概念、运作模式也仅仅是其中的几个领域，而最为核心的内容在于我们究竟对用户有多大吸引力。倘若这个时候我们的产品无法顺应用户需求的变革，那么与其尽善尽美，不如转变策略，以小步快跑的策略，一边更新，一边试探性地加以修正。即便是产品在起初的运作模式上并不那么尽如人意，但只要不断地坚持，每天解决一到两个问题，这种循序渐进过程中的全新磨砺，迫使产品能够更好地满足用户的需求，只有经历了时间和市场的验证，这样的产品才是所有消费者眼中最好的产品。

从产品的设计到推广，其核心过程就是营销，而伴随着时代的推进，营销模式也在随着主流时代的变化而不断进化。它在产品与用户之间不断地链接涌动，创造了丰富的内容，提升了产品的格调和文化，同时也成了内容本身。它在时代的更迭中不断地翻新着自己，也不断地变更着自身的格局和体系。从市场演进的角度来说，它可以分为四个重要阶段：

一、营销1.0阶段

这个阶段是以产品为中心的营销阶段，它解决了企业有效实现产品交易的问题，通过诉求差异化卖点，成为帮助企业从产品到利润的核心。

二、营销2.0阶段

这个阶段是以消费者需求为导向的营销阶段，它不仅仅需要产品凸显其使用功能差异，更需要企业向消费者输出自身的情感和品牌形象，或许正是基于这个原因，在这一阶段出现了很多以品牌为核心的公司。

三、营销3.0阶段

这个阶段是以价值观为驱动的。它把消费者从企业"猎物"角色的行为模式，还原成了一个内容更为丰富的"人"。这一阶段产品的营销模式更趋向于人性化，一切都是以人为本的，因此这个阶段的营销是以人性化为核心的营销。

四、营销4.0阶段

这个阶段是以大数据、社群、价值观营销为核心基础的数字化营销时代。这时候需要企业与消费者建立更为密切的互动关系，让消费者更多地参与到营销价值的创造中来。在这个数字化链接的时代，洞察与满足这些链接点所带来的需求都是潜移默化的。如何帮助消费者更好地实现自我价值，如何创建更和谐的购买服务关系，是这一阶段企业要面对的核心营销问题。而这一切是以价值观、链接、大数据、社区、新一代分析技术为基础成就的。

由此看来，就数字化营销时代的主流趋势而言，它最大的跨越就在于从单一的营销产品建设转化成为多元化的用户生态建设。就此产品开发洞察的营销技术，开始伴随着大数据的推衍而不断地进行着自我的完善。此时，企业更关注的是用户的真实需求，其所深入调查的内容，也与消费者真实的需求内容紧密连接。这些真实的数据伴随着技术的不断精进日趋精准，且带有非常明确的标志性。这是一个进阶性的用户建设过程，企业利用数据不断地了解用户，也在不断地寻求将自身产品与用户相连接，尽管如此，我们还不能够完全保证产品在市场营销的过程中胜出。数字化时代的消费方式与消费行为的痕迹是时时在线，这种"在案可查"的反馈经营形式使得"循证"成为可能。

在数字化时代，我们的营销方式更为人性化、智慧化，而其中最为关键的核心就是要迅速抓住用户的痛点与痒点问题，推出更容易被用户接受的产品，不断地进行尝试、验证。

如今的营销相比于单一的产品建设，更强调市场的测试，而不是细致的策划，强调用户的反馈而不是自身的感觉，强调反复的设计和改进，而不是前期大而全的产品开发，在开发产品的时候则强调MVP（最小可行性产品）。

那么传统产品建设与数字化营销时代的用户建设究竟存在怎样的区别呢？以Dropbox也是典型MVP操作的产品思维为例。Dropbox的创始人德鲁·休斯敦编写了一个三分钟的视频，这个视频详细而生动地描述了其产品的功能，并在视频下设置评价和询问意向的模块，结果一天之内竟然收到了75000人的留言，而德鲁·休斯敦在收到这些反馈之后，对产品的性能、质量进行了更为细致的评估，最终才决定开始运作这款产品。目前Dropbox的公司市值已经增长到40亿美元。MVP的思维帮助他们先去证实了市场，然后又在运营产品开发的问题上做出了果断地调整。德鲁·休斯敦用这种"实证"的思维方式提高了产品在营销市场有效运行的成功率，并直接颠覆了以前从商业计划书到产品开发再到产品上市的思维。MVP模式会让你的产品管理同时具备想象力的落地性。

罗振宇说："产品的本质是链接的中介，工业时代承载的是具体的功能，互联网时代链接的是趣味和情感。"乔布斯在1997年重返苹果前说："苹果的产品糟透了。它们没有灵魂！"注意！他不是说制造糟透了。乔布斯完全没有提到功能。他说："只有当我的产品打动人心的时候，我们的设计工作才宣告结束。"所以产品的目的是打动人心，而这也是数字化营销时代以用户建设为重的原因。

第一章 | 数字化营销定位：这是一个"黑天鹅"遍地的数字化营销时代

元素：藏在数字化营销体系中的核心要素

万事没有绝对，到了落实的层面上，情况就会因为多变而显得复杂起来，即便是有数据的支持，就决策和战略而言，也是存在好坏之分的。数据只是一个我们进行规划和决策的工具，但能不能实现精准则需要另外的智慧。那么怎样能够在数字化营销体系中做到战略精准呢？我们必须明晰其中的几个核心要素，它们是构成数字化营销体系的重要环节，守住了这些关键点，才能从市场格局中实施定位，最终确保自己的战略目标能够有效精准地予以实施。

一、用户

在《大数据时代》一书中，作者指出大数据时代给人类思维带来的最重要的挑战之一便是：用相关关系而不是因果关系来理解这个世界，知道"是什么"比"为什么"更能有效地解决问题。过去营销团队进行消费者洞察的主要目的是要找出消费者行为背后的原因，即为什么购买或不购买某个品牌的产品或服务，为什么喜欢或为什么不喜欢，消费者是基于怎样一种观念或态度来决策的。这样的因果推断会成为我们营销决策的重要依据，而以大数据为基础的消费者会对更多的相关关系进行系统的分析，在海量数据中发现隐含的内容相关性。这就是数字化营销体系中全新的消费者洞察路径。

举个例子来说，我们可以通过大数据的消费者画像来判断哪一款产品是消费者最为喜爱的产品（如表1-1所示）。通常情况下，大部分在购买了A产品以后，也会购买相对应的B产品，而整体的数字化营销运营体系的核心就在于要在最准确的时间、地点，给予消费者最切实有效、正确的产品推荐。因为只有这样，才能成功将潜在的用户转化为现实用户，并利用数据作为其背后的驱动力，及时地进行判断，从而实现快速兑现价值、落实最为完美的交叉销售。

表1-1 用户画像区别

	普通用户画像	大数据消费者画像
画像性质	是抽象后的典型特征描述	是真实用户的全貌展现
数据量	主要通过随机采样，数据量有限	可以做到全样本，并且是各方面的数据
数据来源	相对局限，以采样数据、经营数据和市调数据为主	来源广泛，除传统数据来源以外，还包括用户的网络行为数据、第三方大数据
采集方式	需要与用户直接接触，以抽样调研为主	可以不与用户直接接触
重点展示内容	主要描述用户的行为动机（为什么）	能展现用户行为本身（是什么）
静态与动态	静态	动态的，具有实时性
功用侧重点	设计沟通内容，提升用户体验	确定目标群体，预测营销结果

虽然现在有许多公司都在开发不同的消费者画像技术，但就消费者画像生成的基础而言，其大致过程可以分为数据采集、数据挖掘、规则挖掘、数据建模、有效验证、形成画像这五个步骤，它们依次成序、相互排列，组成一个整体，在体系的运转过程中不断地发挥作用，形成不同的阶段，并在阶段的逐级呈现中，构成企业自身最为需要的基础资料。消费者画像对整个的产品构成、研发体系，以及后续的渠道选择、文化挖掘都起着至关重要的作用（见图1-4）。

数据挖掘 → 数据采集 → 规则挖掘、数据建模 → 验证 → 形成画像

图1-4 消费者的画像生成过程

消费者画像的形成过程，就是要将这些碎片化的海量数据进行有机整合，还原成企业视角下的每一个真实的用户，而不是根据我们的主观臆断进行整合，更不是根据经营与判断所建立的用户体系。这样的消费者画像是所有消费者资源判断体系中的核心，是最为现实的决策依据，也是整体营销决策战略中，不可缺少的部分。

二、产品

讲到产品，首先我们要搞清楚什么是产品。其实就产品本身的意义来说，不同的人有不同的定义，有些人单纯地将商业定义为制造业，而制造的源头就是工厂上的流水线，倘若是食物，那眼前所浮现的不是养殖场就是一望无际的麦田，而产品的价值定义远远不止于此。从更深层的含义上说，产品的价值源自思想，源自其所创造的附加值的能力。它的产出带着鲜活的生命感，是一种让人看了就一见倾心，瞬间有了怦然心动感觉的东西。

产品的生产是一种创造的过程，而不是制造的过程。这个过程中所有的灵感都是不断涌现的，每一分每一秒都在凝聚着怦然心动的创造力，制造不过是产品流水线上的一个分支，但这并不代表着产品的全部，因此我们可以说，具有物类心动感的创造才是真正的产品，单纯地生产只能说是一种制造，于产品本身的真实定义而言，它似乎少了那么点灵魂涌动的感觉。

针对产品的定义，著名经济评论家吴伯凡做了一个这样的魔力方程式：产品=功能×情感。在数字化营销的时代，一款好的产品已经成为时代的标配，也是一种人类需求的基础认同。除此之外，真正能够撼动人心的是情感，由于所有的人都对情感有所需求，所以情感对应的环节才会显得尤为重要，曾经一个朋友对我说："现在生活好了，购物的选择多了，但我们却发现，很多商品的价值并不在于它的功能，而在于它给自己所带来的情怀。这种内在涌动的感情从过去走到当下，又从当下憧憬于未来，实在是太玄妙了，明明你觉得自己对它可有可无，却始终被它牵引着，直到你愿意买单，将它摆在身边，每天看着它才安心。或许这就是当下商家经营人心的智慧所在吧。买单买的是什么？买到的是感情，是自己舍不下的痛点情怀啊！"这或许就是移动互联网时代产品性能特征的重大变化所在，也是其价值的根本，是传统产品行业与移动互联网时代产品性能特征之间的重大变化。

三、价格

说到价格，这是所有企业以及企业产品的资源用户最为关注的问题。价格是否合理与产品的销量和用户的选择有很直接的关系。

在数字化时代，人们会发现一个有意思的现象，很多女孩子会频繁地出现在高档的百货公司，但却很少真正花钱买下一件价格不菲的裙子，相反在转有了一圈以后，她们会在家打开淘宝或唯品会，选择在那里淘换自己最为心仪的款式，其核心目的很明显，他们进大型百货公司的原因，并不是为了买东西，而是为了能够了解时下潮流服饰的流行取向，再以最少的付出获得一款类似的，质量相当的商品。之所以这么做，无外乎是因为价格成本的问题，因为很多年轻的女性，对时尚有着很高的追求，但又不愿意付出高价格，于是她们在网上达成所愿。

数字化时代的定价事实上也是从这一标准渐进性地呈现出动态的数据

呈现。动态的定价是根据市场需求和产品功能的设定来决定最终的价格。这一手段在住宿和机票行业也已经应用很久了，同时技术的革新也将它带入了其他的行业中，比如线上零售行业，通过大量的数据搜索，实现了快速地进行数据分析，甚至你在打电话叫外卖的时候，对方的服务生都可以很客气地对你说："哦，××先生，您还是老样子点上一个辣鸡翅汉堡和一款卡布奇诺咖啡吗？"当经典搭配成为许多食客惯性的选择，其价格也将逐渐趋于稳定。事实证明，在数据一步步地推进演算下，用户所认同的价格定位便在反复购买的频率中得到了有效印证，而这一系列的价格设置在起初都是动态性质的。

通过动态定价，企业根据产品的购买历史，便可以有效地针对购物商户的具体位置和其他用户群体的不同来对产品的价位进行设置，这样的设计有助于更好地优化盈利，也可以行之有效地把握市场。在数字经济中，价格始终伴随着市场的需求变化，它的上下浮动源源不断地作用于用户的选择，而这对数据呈现状态下的价格判断，以及商家权衡把握的战略决策都是至关重要的。

四、链接

人与人的链接，有些时候不过是几秒钟而已，有些人让你一见倾心，有些人则让你嗤之以鼻。产品也是如此，它带给我们的内容不仅仅是它的物性，还有更深层次更多元化的意义。倘若此时，它给我们的感觉是美好的，那么很可能不出三秒钟，你就会因为"钟爱"而掏钱，但倘若这个时候，你对它的感觉并不是那么中意，接下来的选择将很可能是拒绝。看到了、接触到了、碰到了、感觉到了，但只要不作用于心，一切都是枉然。产品的内涵无法通过精神世界融于生命。即便是光线再美好，没有需求也不过是恰好的遇见而已。

那么就真实的产品与用户链接关系的核心是什么呢？对于这个问题我们同样可以将它设置为星系运作图加以论证。其中包含觉知、认知、认同、相信、信任、信赖和拥护等几个基本元素，下面就让我们针对这些内容来逐个进行分析诠释吧（见图1-5）。

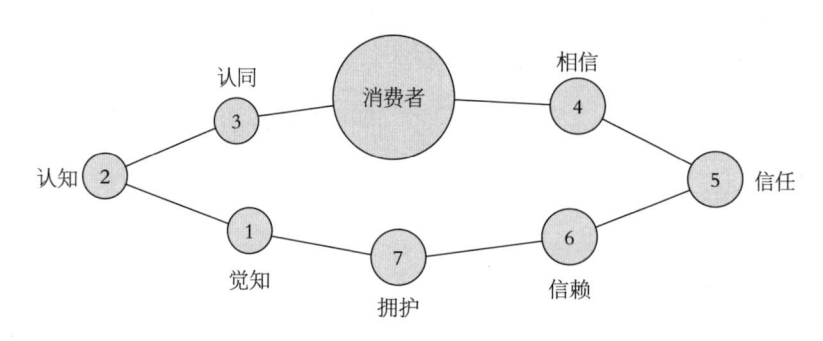

图1-5　用户购买心理活动路径

1. 觉知

觉知是一种初步的信赖关系，在觉知的过程中我们会对自己内在的需求有所了解。这是一个自我察觉的过程，也是一个自我了解的过程。我们开始意识到，当下的自己，正在内心存续着一种向往和欲求，也许是隐性的，也许是显性的，但就我们的觉知而言，它是真实存在的。

2. 认知

所谓认知，就是我们开始意识到，自己需要从认知的角度寻找到一个关键点，它或许是一种产品，或许是一种解决问题的途径，但同时也是一种我们内心欲求满足的开端。我们开始认识到，想要更快速地满足内心的渴求，首先要做的就是要快速有效地为自己寻觅到最为直接积极的助力所在，而这就是我们迫切渴求一种产品的开始。因为我们认识到它的出现能够最为直观地帮助我们解决问题，所以我们开始下意识地了解它、接近它，最终成为它的拥有者，并以此为依托，变为更好的自己。

3. 认同

因为对产品有了一定的认知，便很有可能购买产品，最终成为产品的持有者，而在使用的过程中，体验会让我们对手中的产品产生进一步的了解和认同，倘若它真的切实有效地满足了自己的欲求，同时让自己在持有的过程中获得了相应的满足感，那么这份认同的喜悦就会加大我们对产品的青睐。不管何时何地，它都会成为我们购买的首选，而这种优先式的选择，就是一种对于产品的认同。而这不论是对于商家，还是对于产品的进一步优化和研发都具有重大的意义。

4. 相信

因为每一次使用都可以为自己行之有效地解决问题，所以用户便会很自然地对产品产生信赖感。这种信赖从淘宝、京东等平台的评论上就可以很明显地看出来，大家会留言说："老用户了，买了很多次，奉承的话不用说，向来好用，一如既往，真是爱死你了。"当心中有了这样的判断，想必已经成为品牌的忠实粉丝。而产品能否运作成功，其核心就在于用户的信赖程度，它会提升产品与用户之间的黏性，让用户对产品的作用持续相信，以至于每到新品发布的时候，他们依旧会秉持着相信原则，大量购买，勇于体验和尝试，这就是相信所带来的力量。

5. 信任

所谓信任，无外乎是对产品的质量和其所能解决的问题秉持着信任的原则。信任意味着更进一步的尝试，意味着可以提前付出代价，意味着对品牌文化的支持。不论出于哪一点，用户的信任对于一个品牌来说就是一副金字招牌，这意味着品牌将因此而受过更多潜在用户和显性用户的支持，而这份支持将会让品牌更加深入人心。

6. 信赖

毫无疑问，相比于信任而言，信赖无疑是又上升了一个档次，意味着此时的用户成了品牌的忠实粉丝，秉持着信赖原则，他们会毫无疑问地将产品纳入自己生活的一部分。只要对这一领域有所需求，他们便会首先选择自己信赖的品牌，因为在他们心中早已经形成了真实意义上的性价比，不管别的品牌怎样推陈出新，也只选择自己认定的品牌，因为我对你足够相信，所以愿意在链接中忠实于对你的感情。

7. 拥护

从信赖到拥护，意味着消费者已经成为品牌狂热的追逐者和宣传者，他们会主动宣传品牌的文化，会将品牌的成败看成是自己精神世界乃至生活世界中一个不可或缺的部分。品牌的发展时刻都左右着拥护者的身心，以至于不少粉丝喊话品牌："不要再做广告了，即便不开发布会，走在大街上的任何一个人都知道你是谁，都知道你的新品是什么，这就是你背后坚强的后盾，这就是你产品的拥护者的功劳！"

由此看来，在以消费者为中心的现代商业市场中，企业实现可持续成长发展的关键是与消费者建立长期、稳定、良好的信任关系。而打造具有广泛知名度和影响力的优秀品牌则是企业实现与消费者连接交互的最有效手段。在一环接一环的连接过程中，用户的感情正伴随着商品，在心中占有重要地位，最终作用于他们的内心，成为他们本心的核心需求，也是他们感情需求的存在。当一份产品，真正把自己的地位作用于用户的情感需要的时候，其作用力往往要比其存在的特性价值本身更为强大。

五、整合

在诸多品牌塑造策略中，整合营销模式也许是最受企业青睐的营销模式之一。所谓整合就是将自己所有大的市场竞争优势进行整合，最大限度地发挥自身的长处，以此来更好地整合能量，根据具体的大数据分析，来更有效地制定自己的营销策略，深化品牌塑造的意义、价值和作用。

一般来说，整合营销是为了让企业在经营的过程中能够更好地实现与相关人员进行有效的互动和沟通，以营销传播管理为核心，对营销内部的各个因素以及营销因素与非营销因素进行有机整合，从而顺利地实施一系列的传播战略，将自己的营销着力点落在市场实处。

六、动态改进

这个时代是一个不断更新与升华的过程，所有的人、事、物都在这个总趋势中不断地改变着自己，产品也是如此，如果想适应大时代的需求，就需要在动态中不断地改进。

数据并非没有生命力，它是动态的、不断变化的，在数据的趋向把握中，一切事物都是鲜活变化的，这就需要我们不断地运用数字化时代的主流工具对自己下一步的目标进行核心把握，而这种把握往往是改进的开始，也是更新的初始。所有的策略都是要与时代相吻合的，一旦顺应不了时代，那么后续的一切都无法真正意义上的迎合市场，既然这个世界唯一不变的就是变化，那与其驻守着固有的逻辑，不如就此放开，以不变应万变，而万变之中所有的变化就都把握在自己手里了。策略和行为吻合，方向与动机相契，这样的营销方案才是最有效最合理的。

七、精准

这个世界上所有的营销手段莫过于要实现"精准"，因为心中的目标明确，所以需要最大限度地兑现价值。可就营销渠道而言，想要真正地将受众群体把握在手里，不但要把握他们自身的需求，还要把握他们的心理、价值取向，以及对生活的概念。倘若这个时候，我们仅仅想着产品的质量，一味地将产品偏向于自我内心的感觉，那么即便是产品在商家的运作中再完美，投入市场后想要顺利地通过市场消费群体的检验，很可能又是要经历一番周折。由此看来，单凭自己的想象闭门造车肯定是不行的，要想实现"精准"，就需要确切地把握其中的规律，而这个时候，将流动的数据融入自己的战略判断无疑是一个最佳的选择。我们需要确切地把握消费者的购买力。购买取向、兴奋点、有兴趣的消费区域，需要知道自己的市场到底在哪里。抛开种种复杂凌乱的内容，我们需要理清一条清晰的产品曲线，而当这条曲线伴随着富有条理性逻辑架构和巧妙的应对战略在市场中流动，这样的产品往往是用户最受用的产品，是在自我变革过程中脱颖而出的最佳产品。因为需求精准了，功能才会精准；功能精准了，价值才会精准；价值精准了，购买力才会有保障，而这才是数字化营销中"精准"的意义所在。

八、推广

说到推广，最重要的事情就是要有一个推广的对象，也就是说，当我们的内心有了一个产品的构造以后，我们首先想的是它的受众群体是谁，也就是说我们应该把制造出的产品卖给谁。事实上现在很多传统行业，对这一点的把握是不成熟的。固有的营销模式是暴力性的、普泛性的。品牌不断地用电视广告和广告牌，将自己的产品理念强迫性灌输到别人的脑子里，赚足别人的眼球以后，再强制性让他们对自己的购买进行判断。这一切都不是自主的，而是被动的。数字化时代的情况则完全不一样。如今的消费者崇尚自由，此时再按照传统理念去洗脑，对方显然是不买账的。

不买账就要做出改变。于是我们看到，现在的推广往往都是有强大的数据做支持的，它在虚拟的智能空间中发挥着作用。通过快速的数据演算，商家可以快速地了解到用户的惯用需求，并在后续的服务中，让用户享受到最为到位、最受尊荣的服务。因为一切都是自然流动的，所以用户无形中也成了内容的持有者和参与者。因为有了主动参与的感觉，所以这种营销模式才成为真正意义上的、用户愿意接受的营销模式。数字化作用于无形，而数字化却又把产品的卖点与用户的需求有机地链接到一起，这便是推广中最富有智慧的核心。因为真正意义上知道自己的作用群体是谁，知道他们的心理取向，知道他们最受用的接受模式，所以才能得到他们的认同和拥护，在营销的流水线上顺势而为、摒弃障碍，直达产品营销目标，实现自我品牌的核心价值，实现最终意义上的利益最大化。

九、体验

产品的核心在于要把产品卖出去，而卖出以后，更大的价值就是要招揽回头客，不但要招揽回头客，还要以回头客作为契机让更多的人了解自己，知道自己，让更多的人秉持对产品品牌的信赖，成为产品的信赖者、拥护者，这样才能有效地增强品牌与消费群体的黏性。而这里面最为核心的一个重点在于产品是不是真正兑现了消费群体的需求，是不是真正意义上赢得了消费群体的青睐，而这些链接中，最为重要的一个重点，就是产品作用于消费者购买与使用过程中的体验价值。

当这种体验能够赢得消费者青睐的时候，他们就会本能地成为产品的忠诚用户。一旦这种体验不符合消费群体，那么这意味着产品与用户之间的链接将出现问题。由此，产品的最核心价值在于是否能够给消费群体最完美的体验，让消费者的需求在体验的过程中得到真正意义上的释怀，能够让消费者从精神意志到物性行为等方面都得到满足。倘若这种体验实在完美，品牌就会顺势伴随着认同成为先入为主的认购信仰，所以就产品的数据化营销理念来说，如何能够最大化地了解相关内容，最大化把握相关内容，才是真正能够营造完美用户体验的核心。这看似是一种无形的作用，但事实上却是对于精神意识，乃至于身体直观感受的把握。所有人对于外部世界的感知是最为直观的。因为感受的真实，所以他们相信自己判断的真实。倘若从数据上能够有效地将理念渗透给消费者，并形成消费者自身的体验感受。毫无疑问，这种体验将是产品与消费者购买取向之间的最佳结合。

十、大数据

大数据看起来无非是一系列的数字，但真实意义上的数据是有生命的，而营销的取向也将伴随着数字的生成和延伸得以把握和验证。因为数据是市场真实的表现，所以不需要夹杂任何感性的内容，没有了感性的判断，一切才能更为直观地呈现出来。传统行业之所以在营销理念上把握不够准确，其核心就在于他们在面对产品营销体系的时候，夹杂了自我意志和感性判断。而就数据而言，一切的呈现都是真实的，当这些数据真实地摆在人们面前的时候，人们会本着把握格局的基本原则，自然地将感性成分降低，或是抛到一边，从而做出行之有效的应对策略，不再会因为一时的兴起，一时的"灵感显现"，而制造出一个根本不符合消费群体接受和喜欢的并毫无价值的商品。

十一、智能

说到智能，首先是智慧，其次才是功能。智慧的功能就在于，它能够让消费群体青睐它，选择它，能够用它的自动化快速地寻觅到对方的需求，准确把握消费群体的价值取向，以至于在理性的运作下，切实满足他们的心理和物性要求，兑现他们的需求，优化他们的生活，直至全然接受，成为他们在某种生活领域乃至于工作领域的助力，让他们拥有一个更好的生活或是更好的自己。

因为快速地分辨出了消费者的选择频率，所以产品信息在推送的过程中就会更为精准，更富有效率，大千世界，每个人的心理需求和性格类型都存在差别，但是以数据的分辨率去作用于不同的消费群体，情况就要比以感性方式贴近对方有效得多，因为富有针对性，所以这种针对性更富有成交效率。

十二、迭代

产品为了更适应消费群体不断增长的市场需求，是需要不断改变、迭代与进化的。不同的时代，必然会有不同的产品因需而生。因此，想要生产出一种什么样的时代都不会摒弃的产品基本上是不可能的，不论是制造业，还是现在的智能科技，都要在推出产品的同时，不断地对现有的产品进行改良，在这个过程中就是需要企业不断利用数据的衍化，来把握产品需求的侧重点。现在我们眼中的苹果已经不再是过去的苹果，我们眼中的世界也不再是过去的世界，眼前所有的产品看似熟悉，品牌看似没有变动，而其内置已经伴随着市场的推动力在不断地发生变化，产品伴随着新生的能量在不断地向前推进，这就是迭代对于一个企业以及企业产品的考验。

看到这些藏在数字化时代营销体系中的必要元素，作为企业营销操盘手的你是否对自己所在的体系有了一个更清晰的认识呢？世界在不断变化，但核心元素的标的却是稳定的，尽管每个标的的衍生都将伴随着时代的推演而变化，但其所占据的位置将伴随着核心趋势而长久地沿袭下来，这也就是这些元素最为核心的价值所在。由推演出新型的营销模式，把握元素的核心，将核心的内容伴随着不变的真理和发展的市场需求趋势，才是在万变的市场需求大潮中立于不败之地。

理念：那些数字化营销体系中不可忽视的转变

世界每天都在变，营销的体系也在顺应着时代的变化源源不断地发生着裂变。老子说：道生一，一生二，二生三，三生万物。从这个角度来说，尽管营销的形式在源源不断地发生着变化，但是营销的核心是永远不会发生变化的，其一，它追求的是利益价值；其二，它是一种物性流通于市场的运动。而数字化营销，首先看的是数字化，这是一个理性的数据显现和工具显现，而营销则带着感性色彩和策略色彩。两者之间的合并在不断的碰撞中，组成了多样化的产品营销体系模式，并以此寻觅到了产品作用于市场的受众群体。这不是简单的A或B的选择题，它是一定意义的数据化精准演算，其中的变与不变，都是有着精准性、智能性和科学性作为核心价值依托的。

从理论来说，数字化营销，本质上是以企业与产品为核心转变为以用户为核心的一种新型的营销思维模式，通过数字技术与智能技术更好地贴近消费者、服务消费者、赋能消费者，最终全方位提升消费者的产品体验，从而有效地促进产品购买交易的成功。因此数字化营销不仅仅是一种新型的营销模式，更不是一种新销售方式的创造，而是企业在市场大环境下，通过特定的数字技术、智能技术和经济组织优化而进行的整体商业模式的创新。也就是说，不论是从传统的线下销售，还是说从新型的线上销售，其核心的转变多半是以用户和数字为中心的，它所力求打造的内容，是一种更为敏捷、高效的线上线下体验运作，它是一种整体化联络全网境遇的一种"互联互通"的互动形式，企业通过这种形式，不断地完善自己的营销体系，从而有效地形成了一种全新的营销范式结构，并依托这种结构为产品量身打造出一种全新的品牌文化，既从质量上让消费者认同，又能从精神内容层面让大众一见倾心。

那么在具体的数字化营销实现中，究竟有什么差异性和特别之处呢？

一、由原子论到比特论

前段时间和一个朋友聊天，说到了数字化时代企业运作转型的趋势问题。想不到此时的他竟然激动了起来："你知道为什么传统行业的人看起来对互联网、对数字化一窍不通吗？就是因为他们存续在一种固化的世界里，将自己的所有理念，都装在了一种原子物化的世界里，他们的注意力全部都在经营眼前的原子上，却忘记了在这些原子的背后，有更为广泛的存在，世界的体系不仅仅单纯的只有原子，还有原子以外更为宽泛的领域，倘若只揪着某一自身的痛点没完没了，便没有时间去瞭望更为广阔的世界，这样的感觉就好像一只青蛙坐在井底，总是看着眼前那么小小的一点天空，却忘记了在井盖圆圆的形状表象之外，真实的天空究竟是什么样子的。"

听到他的肺腑之言，我的内心顿时起伏跌宕，世界是多元的，空间是无限的，而就这样庞大的背景而言，只需要我们进行无限创造，就完全可以以此为依托，建立起无比庞大的营销范围体系，以最小的投入，构成利益最大化和价值收益最大化的完美弧线。

数字化的营销演变开始从作用于产品向作用于服务演变，而其整体的运营方式也从直接打造硬实力转变为打造更为鲜活的软实力。当产品与软实力在作用于物性和精神的世界中珠联合璧时，企业对于价值的把握和对于多元化标的的实现也因此有了更深一步的认识，聪明的商家不再仅仅作用于原子，而是看到了原子背后更广泛的天地，那是一个全新的世界，可以由自己定义玩法的世界，我们可以任由自己无限量地设定格局，并在格局的设置过程中源源不断地实现自我价值、产品价值和品牌价值。我们不再纠结于事物的某一个点，而是将自己的眼光转移到点的背后，这就是从原子论到比特论的体系转化过程。

所谓的原子，就是物性，所谓的比特就是虚拟空间，也就是更为广泛的维度空性，它作为虚拟形式作用于万物，却又是一种真实的存在，我们可以在空性中任意地定义于自我，也可以利用它宽广的维度，作用于大众的内心，衍生出一系列多元性的新型营销体系和营销模式。而这往往是一种创新者对于消费者心流的把握，因为有了数据，有了心流频率认同的测度，所以在新形势下的衍生中，总会有一些产品获得极大的市场关注，人们在作用于物性的同时，也在内心的价值取向中找到了契合点，以至于最终产品成了一种作用于身心的创造，认同产品的过程就是认同于自己。它是一种消费者精神领域的代言者，而消费者也在无形中受到感召，成了产品理念的参与者、推动者、传播者和经营者。

二、由物质论到关系论

起初很多企业把产品只当产品，认为产品是一种物质经营体系，因此他们将所有的注意力全部集中在了物质角度的完善，不断地优化产品的功能，不断地净化自己产品的质地，却从来没有想过怎样能够让它切实有效地作用于市场。其实产品与市场之间，本身不是物质论的呈现，而是一种关系论的呈现，其核心就于它是交易关系的呈现，却不仅仅从属于一种交易关系，人们通过交易获得了自己想要的东西，这种不断互动的过程是一种多元维次的显现。而后续的内容，将会是更加宽泛的，与其说交易的过程是产品与用户之间发生的作用，不如说是产品衍生出的多元化取向与用户的精神层次、物性需求达成了某种难以拒绝的共鸣。这种关系早在产品研发之初就已经潜移默化地作用于群体，从营销体系战略的研发、测评，再到后续用户的自我觉知、意识需求、内在精神活动，种种的一切都促成了他们成为产品潜在用户的可能。世间的万物都有无限量的可能性，但所有的内容都需要彼此互相作用才能碰撞出因和果，这就是促成关系的过程。想要让自己的品牌营销体系得到最大限度的认同和完善，其最大的核心就在于关系的优化，将每一个关键细节做到极致，无论是企业与企业、产品与用户、用户与用户、内容与社群，每一个关系内置中都有很庞大的量性和内驱力，其中的空间范围是广大的，所产生的关系碰撞也是多元的，碰撞得越是激烈所产生的内容就越广泛，而其中所衍生出来的机遇、所带来的多角度营销内容都将作用于关系本身，也将作用于产品体系的价值和潜在价值，关系无形地操纵于思想，又从思想作用于行为，产品无非是表达内心活动的一种物性标的，之所以想拥有它，为的不是拥有物质，而是物质以外更为深远的内容链路和关系链接。

三、由掌控论到概念论

对于企业而言，迫不及待地想要掌控市场，想要追逐最大限度地产品垄断，它们对于企业的把握力是很强的，它们想要牢牢地把握市场，堵死所有可能与自己产生竞争的产品渠道，这种暴力性的营销模式，在市场营销运作的传统推广维度领域中曾经占有很大一部分的空间。企业的经营者迫不及待地想要把所有的用户资源垄断在自己手里，他们企图让产品成为用户的唯一选择，但事实上，这是根本做不到的。用户的要求在变化，时代的变革促使企业产品和营销体系的变革，一旦此时产品无法兑现用户的要求，就会在市场中陨落，人们会寻觅更适合自己的消费产品，而新鲜事物的产生必将伴随着旧事物的陨落。

但有一点却可以在营销体系中逆转全局，那就是将数据融入产品研发的概念，我们可以通过了解大众，了解消费群体，了解他们作用于生活的诉求和痛点从而通过多维度的营销模式将这些内容巧妙地与产品进行衔接，最大限度地获得消费群体的认同。此时，产品不仅仅是一种物性作用于经济价值的把控工具，而是一种概念的代言者，它代表着一种时尚潮流的趋势，代表着一种生活概念的价值取向，它的呈现无形中作用于生活，同时又是一种有形的存在，以至于每当大家看到它的时候，就会精准地与自己生活概念的某一部分进行衔接，它通过概念的方式成为消费群体生活中的一部分，也成了他们反复购买产品的直接理由，概念让他们无法拒绝自己，而无法拒绝自己的同时就是无法拒绝产品，在这种概念与行为的巧妙链路下，人们开始越发地对产品产生了青睐和冲动，他们从中寻觅到了自己的最佳状态，因为对这种状态的渴求，才会甘心情愿地为它买单，这就是过去传统营销与现在数字化营销理念的最大不同。

四、由机械论到进化论

曾经的产品市场运作逻辑是一味地机械化大生产，因为当时是供不应求，所以只需要源源不断地生产产品，机械化地运作就可以了。但当下的市场营销体系早已经不是以前的样子，随着世界经济的前进，人们的需求也在源源不断地发生着改变，由于需求改变了，购买产品的理念也在发生变化，人们开始思考，为什么要购买产品，如果产品在功能与质地相差无几的时候，我为什么一定要选择这一款。由于眼下的产品已经不是生活内容中无可替代的必须，所以其存在的价值与曾经的价值意义发生了截然不同的变化，这毫无疑问是一个蜕变的过程，而蜕变就是进化的开始，唯有那些能够不断顺应市场要求，把握消费者需求规律的产品才能在庞大的竞争维度中得以生存。这就意味着我们不再需要大规模的机械化产出某种商品，而是要结合市场和时代的需求推陈出新，不断地在尝试与体验中改良产品的内容，不但要提高产品的功能和品质，同时还要提升产品的精神和文化理念，而这些有形无形的进化内容，将源源不断地作用于产品，也源源不断地作用于消费群体，直到将这种彼此的契合连接起来，才能在真正意义上赢得价值的最大化、盈利的最大化、传播的最大化、认同的最大化和用户量变的最大化。

由此可见，数字化时代的营销无时无刻不在发生着改变。这种量性维度的转化伴随着理论体系的转变一步步地落实于实践，不断地在产品与用户之间缔造着链接，固有的营销模式在一点点地濒临弱化，而新型的营销体系正在源源不断地在广大消费群体中形成势不可挡的传播趋势，大数据、云计算、智能科技、区块链等新型数字技术的衍生，伴随着消费者的选择和参与，形成了独具特色的新营销景观，这个时代时刻都在用数字改变着，新型的营销体系伴随着理性的数字推理，在万物间源源不断地传递新鲜的内容，这对于产品的研发和发展而言，越是在这个竞争激烈、共鸣于新意的时代，越是要优化好每一个转化细节，唯有一切尽在掌握，唯有真正意义上将量性的转化作用于产品本身，才能最终实现供需各方利益最大化。

蜕变：变与不变，那些数字化营销体系中的时代特色

我们正在进入一个新旧动能转换、模式交替，数字化与智能化加速应用的新时代。当今的世界无时无刻不在变化着，犹如当下产品的推陈出新，速度惊人，多少产品昙花一现，能够延续下来的品牌也已经不知道经

历了几代的变革。而对于一个觉醒的人来说，面对世间变革的一切，唯一能够恒定不变的内容就是量子世界背后的基础，也就是世界本源的核心。一切事物看似不规则的生灭，其实只要定性观察就会发现，每一个事物的发生、发展和消亡都是存在一定客观规律的。

那么究竟什么是数字化营销时代的变，什么又是数字化营销时代的不变呢？关于这个问题，还是让我们有针对性地分别加以论述吧！

一、价格和价值之间的导向发生变化

传统营销，大多以产品成本价格和市场需求之间的差距为核心出发点，进行营销规划与营销设计。常规的市场竞争方式，也常常以价格战拉开序幕。就产品的属性而言，价格确实是一个非常重要的内容元素。价格的导向将直接影响到产品在市场竞争中的盈利能力和主流策略方向。但是时至今日，市场竞争已由价格导向转为价值导向。这也就意味着，产品的市场属性不仅仅单一以价格作为核心意义的标尺，其内在的价值导向有了更为多元化的内容含义。价格仅是价值的一个方面，而价值的内涵中包含了情感的元素、心理的元素、产品概念的元素，以及购买动机的元素。这些元素成了产品价值内置中更为核心的内容。这些核心内容成为一种无形的创造，作用于产品本身，作用于无限的市场价值空间。因为这个市场情感与思想空间是无限的，可以自我定义的，所以产品在创造的过程中，与消费者的需求信念合二为一并不断碰撞出火花。这种碰撞既赢得了市场机会，又可以源源不断地盈利。这种过程改变了生活，蜕变了自我，带领人们进入了一个截然不同的营销世界。

二、由经营产品向经营用户转变

企业在过去，只单一地注重于产品的功能与质量，在营销方面的选择

相对单一，传播上一味采用"洗脑"的营销模式让用户被动地接受信息，从而被动地接受自己。但在数字化营销时代，这样的状况发生了转变。数字化时代不再是先生产后销售的模式，而是先有用户价值和用户需求的"先销后产"或"产销同步"的模式，生产者与消费者之间实现同步链接。这样的数字化营销模式就使用户从被动转为了主动，用户从产品设计与规划之初就成为产品的参与者和经营者。企业开始由单一的经营产品转向更为人性化、亲民化的自己经营用户资源。他们不断地挖掘用户心理需求，同时通过大数据寻找与产品相匹配的购买群体，形成消费社群体系，再将品牌文化与情感体验等软实力融入其中，最终深化成用户的购买习惯，将用户的物性需求和情感需求牢牢抓在手里，直到将他们变为自己品牌的拥护者和忠实粉丝。

三、从经营市场向经营数据转变

曾经的传统式营销，其主要经营的标的就是市场，市场说明一切，但只有将产品投入市场以后，才能真正验证出产品在营销体系中的价值，才能真正从消费群体的反馈中测评出它的受众群体和匹配的消费需求。但在数据化时代，则截然不同，通过一手的数据，企业可以在产品研发之前就进一步把握用户所需要的一切——他们的内在需求，他们对新型产品的概念，他们对未来产品的期待。或许那仅仅是一种觉知，但只要用心体察，就可以从数据上看到端倪。数据成了企业不可多得的营销工具，有了它，在把握设计产品之前，就可以达到先知先觉的效果，这样在产品研发与设计过程中，就可以得到最为完美的体现。可以这样讲，数字化时代的数字资产将成为一个企业的核心资产，其核心能力体现在以下三个方面，一是企业是否拥有海量的大数据；二是企业是否有自己独特的算法；三是企业自己是否有强大的算力。拥有了这些，企业就拥有了新的核心竞争力。所以说，数字化的大数据科技时代，企业必须由单一的经营市场向经营数据与经营市场总体发展。

四、从经营企业向经营生态转变

我们过去的企业是封闭式的。以往的企业经营者，大多认为想要经营好产品，首先最重要的就是经营好自己的企业，实施好自己的品牌战略。发展到今天，任何一个企业都不可能成为孤岛。当下的所有企业已经置身于社会与市场经济的大生态之中，企业必须在这个市场生态体系中找准自己的定位，此时企业进入了经营生态的状态。所以说在数字化营销时代，企业市场经营的核心由经营自我要转向经营生态。市场生态中的各个业态是由多元化的形式组成的。数字化营销模式由于市场业态多元化的特质而不再单一，各种媒介在企业的数字化运营中都发挥着相当重要的作用。因为营销模式发生了改变，传统的营销媒介也悄然地发生了变化。由于营销业态和营销策略实施状态的改变，它所对应的用户需求也在不断地发生变化，从单一满足需求，到不断创造需求。这一切说明由经营企业到经营生态的转变，不但需要有长期价值主义，还必须是利他共生的，否则没有人愿意加入到你的生态中。未来的企业一定是跨界的，企业在生态体系中如何充分发挥自身的长板优势，如何通过开放、融合、合作，去整合市场的全要素资源，是企业从经营自我为中心向经营生态转变的核心所在。

五、营销重点从终端运营和渠道运作转变为消费者服务

曾经的企业产品输出方式是很单一的，产品从流水线，最终到达营销渠道，最后到达销售终端。整个过程犹如机械性的流程，单一地将信息倾注在消费者身上，然后再简单地通过催化成交达成利益。实话说，十多年

前很多企业都是以这样的形式来运作自己的营销体系的。但如今的数字化营销时代则不同，与其说企业完善的内容是产品，不如说产品不过是一种自我品牌推广中不可缺少的元素和形式，其中更重要的内容是服务。如何有针对性的、以最大的限度作用于消费者，如何在达成交易的同时留住消费者的心，才是当下最重要、最核心的价值所在。企业要做的不仅仅是经营一次性的用户关系，而是要把用户转化成自己品牌的拥护者，这个过程才是整体营销渠道中最重要的核心。它不再是泛泛性的，而是有针对性的。或许它仅仅是小众的，但这种小众社群的品牌信仰也足够能够托起他们对品牌的信任、信赖和信仰。将自己的产品运营成一个企业的神话，再将这种信仰的神性作用于消费，这才是企业接下来在营销体系中需要完善的内容和道理。

六、营销无边界，跨界营销与异业联盟成为常态标配

曾经的营销体系既单一又清楚，作用于消费群体无非是一买一卖的过程，而后有了传播的需要，也是泛泛式的传播，产品绝对不可能超出自己对应的市场需求领域。一旦超出了自己的领域，它背后所承载的品牌效能就会因此而失力。但是就数字化营销时代而言，因为营销模式的变化，市场需求群体的关注点也越发多样起来。一个简单的辣椒酱可以同时演绎出各种内涵作用于多重市场，甚至连带性地成为其他产品共同作用下消费者心中的首选。这一系列的内容，无疑是一种产品功能领域范围以外的跨界与革新，产品的内容变得越发广泛了，相比于单一的营销体系渠道，它所蕴含的经济价值、内容价值都衍生成了更多的利益价值，单从这一点看来，不论是以大博大，还是以小博大，产品作用于营销的玩法、形式都变得更加多样了。

七、消费者的行为发生改变

正所谓物以类聚，人以群分。千禧年之前，人们接收信息的媒介是存在一定限制的。因为接收信息的途径与领域只有这么多，所以领域之中的产品就成为人们能够做出的唯一选择。购买商品的行为也因此单一化。随着时代的变化，市场变得更为宽泛了，消费者接受信息的路径更是多元化了。自然而然消费需求也呈现了多维度、多层次的多元化。伴随着消费者对产品物性需求和心理情感需求的提高，产品所表达的内容外延、文化、精神信仰等也源源不断地反作用于消费者的购买心理。消费者选择的范围多了，愉悦感反而是最重要的。人们从物性需求转化为了心理需求，在满足心理需求的同时，将物性作用于自己更高维度的娱乐需求和享受需求。需求的改变导致了与前者截然不同的行为改变。同样是购买，其购买的意图、购买的心情、购买的真实需求，已经和以前纯物性需求截然不同了。

八、做生意的模式发生了变化

从阿里巴巴竖起"让天下没有难做的生意"这面大旗，到当下的数字化时代，市场已经呈现出了多维度多层次多元化的需求方式。企业的经营理念伴随着消费者需求的变化也在不断地发生变化。曾经的生意理念就在于产品质量，而现在的生意模式中产品质量只是标配，更加重视的是产品内容。同样一个橙子，新鲜的口感没有区别，只因为一个是"褚橙"，是有故事的，另一个没有故事，产品整个的价值定位和销量就出现了两种截然不同的情况：一个销量百万，一个无人问津，这就是企业在生意运作中新型经营模式与传统经营模式的不同。产品精神与情感内容作用于消费心理，作用于经营思想，代表着消费群体一种新生活的自我诠释和价值概念，而物性只能作用于产品形态，作用于消费者的使用价值，作用于一时的消费体验，却无法产生精神作用，这就是生意经中最为核心的转变之一。当物性得到相应满足的时候，人们会因为精神层次的需求而更愿意选择有思想、有个性的产品。谁能顺应这种情感需求，谁能真正意义上将这种思想个性作用于产品，创造并赋能于新的需求，谁就能够更好地完善自身的生意，掌握市场的主动权。将服务、文化、内容、生活理念等多元化的内置嵌入自己营销体系之中，并形成最核心的卖点。在这种企业软实力的作用下，消费者基于精神与情感的需求，不得不将这种产品作为自己的唯一选择。

九、营销工具、营销方法发生了改变

数字化时代，传统的营销工具已经远远不能满足于市场和作用于市场。而真正能够赢得消费者购买欲望的内容，往往已经不再是某种产品的功能，而是它们作用于产品的心理活动。过去的营销模式作用于产品的时候，是依靠产品的功能和对产品的直觉。但是现在的营销工具体系，在大数据和算法的推演下变得更加理性，更加具备人性化的设计，更加符合市场营销需要。因为每一个细节都有数据工具作为支持，秉持着消费群体的精准和遵循消费体系中的惯性逻辑，在把握市场需求的时候就不会因此陷入盲目。产品不再是普遍性的推广，而是更富有精准性的推送与沟通。从这一点来说，数字化时代的营销方法和营销内容已经发生了翻天覆地的变化。

十、企业服务用户的手段发生了改变

过去企业针对用户的服务是非常单一化的，而用户的体验也是一个极为简单的过程，因为选择商品的区域、类别、产品都有限，所以其所能带来的真实体验的媒介也是有限的，所以商品选择会因此受到局限。但是现

在企业作用于用户的服务媒介与传统的媒介截然不同，不仅仅在价格上有所体现，还在后续的一系列数据演算中提前得到了验证和诠释。比如说，企业在作用服务的时候，会根据数据提前分辨出用户的喜好，以及在选择产品中的惯性直觉，最终有效地把握用户的买点和痛点，从而更好地完善产品细节，让用户不论是从物质享受，还是精神享受，都能有一个很好的自身评价，时间一长，优质的服务就会成为消费群体的不二选择，最终的群体黏性也得到了有效开发，产品营销变得更为高效。

变是永恒，不变是恒定。数字化时代的营销范式和营销体系，既有变的核心要素，也有不变的常识原理。正所谓万变不离其宗，宗就是源头。不管我们的营销知识、传播与沟通媒介、营销模式和营销体系怎样朝着多维度多层次多元化的方向发展，就数字化营销而言，总有一些核心的内容是恒定不变的。

1. 产品营销的本质永远是以消费者为核心

制造产品的原因是为了获取价值，而获取价值的方式就是将它们转化为商品，而想要将商品推销出去，其核心内容就是要搞清楚自己要把这些东西卖给谁，谁是自己的消费群体，谁有可能成为自己的忠实用户，谁是最青睐最需要产品的人。无论是传统营销模式，还是数字化智能化的营销模式，其内容驱动力的根本都在于用户，在于更好地锁定消费群体，而这就是核心的核心，从产品研发到品牌运营，再到全部消费模式体系革新中恒久不变的灵魂所在。

2. 市场营销中满足用户需求与创造用户需求的目的永恒不变

不管是传统的营销模式体系，还是新形势下的营销模式体系，其核心内容不会变化。产品对应的是用户的需求，产品之所以有价值，是因为产品有自己的受众群体，正因为如此，企业必须立足于需求创造产品和产品价值，所以品牌经营成了一个满足消费者需求和创造用户价值的核心运作模式。就这一点而言，数字化营销时代的营销与传统时代的营销并无差异，同样是在作用于用户，同样是最大化创造用户需要、满足用户需求。企业以此为基础，最大化地赢得市场。

3. 创造用户与创造市场的企业经营本质恒久不变

产品之所以称之为产品，在于它所创造的价值可以源源不断地作用于市场，源源不断地为企业创造更多的经济效益和品牌宣传效益，这是一种作用于精神和物质的双重收益。传统的营销体系如此，数字时代的营销体系也是如此。它是在传统营销体系作用下的锦上添花，而不仅仅是一种作用于市场，单纯的商品交易、产品研发、生产再到推广，它所要经历的内容不仅仅是创造产品，其更深刻的含义是在创造用户、创造市场、正所谓机遇不是等来的，是创造来的。所有的市场起初仅仅是一个概念，谁把握住了概念，提出了这个概念，最终赢得了概念的拥护者，谁就能使自己的产品作用于这个概念的消费群体，作用于市场的营销体系，从而有效地创造用户，创造市场，赢得更广泛的经济价值和更广泛的作用于社群消费，让更多人成为铁粉和更广阔消费空间的支持者。

4. 市场营销的所有行为都为追求效率和效益的最大化

最大化的发掘产品价值，快速满足市场需求，创造产品运营效率与经营效益的最大化，一直是企业市场营销的核心目的之一。产品犹如信息，谁最快地把握它，最有效率地运用它，谁就能实现真正意义上的价值最大化，而这个价值最大化中所涵盖的内容无疑是一个效率问题，谁能最大意义上提升自身的产品效率，谁能快速对应用户的需求，谁就能切实有效完善自己产品的功能，提升产品的价值，拥有最丰厚的产品效益，将营销体系落实成为产品运营中最完美的结果呈现。不论是数字化时代还是传统营销模式，其核心的内容与价值取向都是恒久不变的。

这些变与不变清晰地构成了数字化营销的逻辑体系，尽管数字化技术和智能技术使我们所面临的营销维度变得更为多元化了,我们所要面对的产品经营内容也变得更为丰富了,但是市场营销体系的核心永恒不变,永远是以消费者为中心,挖掘消费者的需求、满足消费者的需求、创造消费者的需求。

Part ② 运营篇：广告精准投放与品牌传播法则

第二章

数字化品牌运营:

企业如何进行品牌突围与品牌建设

优化思路，锁定品牌建设的发展属性

大千世界，连一片相同的树叶都没有，人与人之间，即便是再相像也都属于不同的世界，因为世界不同，内心的欲求不同，所以大脑里所创造出的产物也不同。品牌也是如此，不同的商品有不同的脾气，即便是同款商品，单凭包装、感受，乃至于色彩的颜色搭配，你都能够从中接收到不同的信息和能量，而这种能量就是一个产品自身所特有的属性。一个品牌想要立足于市场，就要有属于自己的发展属性。一种文化的传承，也是一种物质与心理的互动，而这种作用起先源于一个创造者的智慧概念，而这个概念，又在数据的编排下得到了更好的呈现，这种呈现看似是感性的，其实作用于心理，是一种理性的活动意识，也是一种理性的运作行为。之所以这种作用锁定在了属性这一环节，是因为我们需要在文化的运作活动中，渗透品牌的内在韵味，而这种隐性的觉知，在无形中渗透进了人们的心理和行为，形成了一种完美的气场凝聚力，而灵魂的主旨，就是它所给人们带来的美好感受，人们会一直源源不断追逐这种感受，不断地感受并传递认同，最终将这种认同变为信赖，又将信赖拥护成了"信仰"，这看似是一种主动的行为，其实却是品牌真正的魅力所在。

其实就这个世界而言，人与人之间的差别并没有那么悬殊，之所以有人成功了，有人碌碌无为，不在于他们彼此之间的差异，而在于他们如何更好地经营完善自己。有些人形象完美，一亮相就聚焦全场；有些人，秉持着内蕴的才华成了所有人眼中高雅知性的代言人；有些人，表情多样，思维活跃，性格乐观，于是人们便将他归入了开心果的形象。而有些人，总是平静的，他说的很少，却总在默默地倾听，递上自己真挚的关怀与尊重，于是顷刻间被人们命名为"亲密的朋友"。这一切，从感觉到能量，又从能量到行为，我们会有选择地对眼前的一切进行分辨，从而最终决定自己是不是要跟对方交往，是不是要向对方打开自己的内心世界。这就好像偌大的一个社会中，每个人的脸上都隐形地贴着自己的标签，标签上是一个属性、一个标语，或一个品牌广告的灵魂。他们自身的能量成了能量与能量之间的交互，以至于每当你想起这个人，想起他的某个表情，他带给你的感觉、气场，这个广告就会不由从你心中浮现。有些人，见过几次就够了，有些人却总想要试图亲近，有些人成了我们生命中不可或缺的部分，而还有一些人，成了我们仰慕的对象。这其实也就是所谓的品牌经营概念，不论是一个人、一个产品，还是一个品牌的运作经营过程，无外乎是一种对于自我和外界的一种表达。我们不断创造、诠释着这一切，只为让身边所有充斥着创意的灵动，然后全然地接受自己，就此生命有了一个绽放的机会，能够更鲜活地活在世间，成为被喜悦接纳的对象。

那么什么才是品牌中最为核心的亮点和属性呢？正如斯蒂芬·桑普森在《无冕之领袖》一书中将那些尽管地位不优于他人，但却拥有吸引他人的六种特质的人称为有远见的领袖。相对于自我身份营销体系而言，品牌想要不逾矩地成为用户信赖的朋友，也必须具备六种特殊的属性，分别是物质性、智慧能力、社交能力、热情、个性和道德，倘若一个品牌不能在这几个方面做到极致的话,是很难从庞大的市场内脱颖而出并赢得消费者的认可和关注的。下面就让我们针对不同的特性,来系统地进行分析论述:

一、物质性

所谓物质性是有形体的物质属性,有些物品形态让人眼前一亮,即便是精美的盒子里装的无外乎几个不起眼的糖果,但也会有人因其形态而青睐它,觉得它是万千同类商品中最特别的一个。但有些产品,虽然质地很精良,但由于外包装差,最终人们只是一眼带过就将其抛掷九霄云外。很多人说选择一个产品可能仅仅只会停留数秒,消费者不可能花费太长的时间在自己不需要的产品上。不过也有例外,如果产品是特殊品牌制造的,这个品牌的文化一直都被用户所青睐认同,那么即便眼前的物品是自己可有可无的,多半人也会停顿几秒,思索一下要不要购买。因为排斥了品牌的物质性,就是在排斥自己的审美,这样的自我否定并不是人人都能耐得住的。

二、智慧能力

智慧意味着创造,创造的前提是知识,是对某个领域的深度思考,因为对思考的内容产生了探索欲望,所以才会源源不断地产生新的创意和想法,从而最大限度地发挥自己的能力,做出一系列的行为和选择。它时而放荡不羁,时而灵感迸发,时而欣喜,时而陷入思索,因为琢磨不定,所以源源不断地作用于创新性,应运着多元化的思想,也应运着多元化的、解决问题的能力和实力。就品牌而言,不同的产品内都蕴含着不同的智慧,它有可能是一种强大的吸引力,有可能是一种难以抵御的鲜活力,它很可能作用于我们的兴趣,也很可能作用于我们对生活的概念。这种发明和创造可以给我们的生活带来很多乐趣，因为有了这种欲念作为支持，智慧的能力也成了作用于产品品牌效应的特殊属性，谁能创造更强的"玩法"，谁就能依靠自己的"玩法"改变世界，谁能够不断地用自己的创意聚拢人心，谁就能够成为品牌塑造过程中的佼佼者，源源不断地吸引粉丝，成为大众青睐、维护的焦点和对象。

三、社交能力

有了内置的塑造，接下来，就要广泛传达自己的心声，找到志同道合的朋友，找到自己想法的认同者和拥护者，这个过程是一个沟通互动的过程，我们要不断地宣传自己的想法，树立自己品牌的文化，并将自己的文化作为潮流趋势传播出去。这种强大的作用力，将为品牌带来更多的发展机会和影响力，而这个过程也是一个独具特色的品牌营销过程。在这个过程中，我们需要通过多元化的、各种各样的传播媒介去结识产品的新朋友，小到合作伙伴，大到整个市场，我们需要源源不断地将自己所创造的产品作用于需求，产生更大的品牌营销生产力，最终最大程度释放品牌能量，将更多的消费受众群体以信仰者、拥护者的身份聚拢在自己的身边。

四、热情

当一个人在谈论理想的时候总是会热情洋溢，宛如真的看到了未来。当我们推广自己的产品，想要让更多人知道我们的品牌文化，倘若在陈述和说明的过程中连我们自己都不相信，那么又有谁会相信呢？想要让别人相信你，首先自己要让自己在陈述的过程中，拥有饱满的热情。它有些时候传递的是一种观念，有些时候传递的是一条信息，但这一切，每一个细节，足够可以带给消费群体振奋人心的能量，大家会受到这股热情能力的吸引，不论是幽默的、温馨的、激情的、浪漫的，一切的一切，都蕴含着产品从研发到生产，再到营销推广过程中的饱满热情。不管是什么人，不管从事什么行业，每个人都希望自己始终活在一种阳光普照、热情洋溢的状态中，倘若这个时候，有一个产品总是能给自己带来这样美好的感觉，恐怕即便是暂时不需要，也会有人为了自己的内在需求而买单的。

五、个性

众多同类产品一起竞争，人家为什么会选择你？一件商品，想要让别人耳目一新，至少要让对方有一些可图的地方，而个性往往是让人一眼看到的焦点。品牌有品牌的个性，产品有产品的个性，除了功能属性之外，更为重要的核心就在于品牌所特有的价值取向。这是品牌运作范围的核心内容，也是它之所以能够渗透人心的灵魂所在。正所谓宁可有缺点，不能没特点，一个产品倘若没有个性，那么它所传播的内容将受到局限，一旦大众无法在真正意义上认同它，那么它在市场中的价值也将降低。

六、道德

好的产品，首先要有一定的界限，倘若它的出现违背了固有的道德原则，那么很可能刚刚问世，就会被人们道德的固有观念扼杀在摇篮里。但是倘若产品的作用力恰恰符合当下人们公认的道德准则，很可能就会形成新型的卖点，作用于消费，拓宽人们心理和行动力的运营渠道，开创出一条崭新的路。人生中最核心的价值莫过于它对某一事物的认同和信仰，当我们手中的产品与我们心中的信仰吻合的时候，那么毫无疑问，产品的品牌会走得更长，行得更远。

这个世界充满了各种的色彩，大千世界的产品，各有各的属性，各有各的存在价值。品牌倘若想要延续下去，就必须依托于属性所特有的力量，最终将力量凝聚成强大的吸引力，源源不断地作用于市场，成为产品品牌传播的驱动力精神，成为大众所青睐的文化价值导向，最终成为品牌真实的意义所在。

从树立品牌，到精准定位

企业能否走向成功，品牌文化的作用不可忽视。文化带动产业，产业启发产品。在创意的流水线上，如何能够最大限度地体现价值是企业生存的基础。而定位系统就好像是品牌世界里的GPS，存续在消费者的感知中，你可以凭此认真分析，也可以去对比自己与竞争者之间的距离。但这一切可能仅仅是自己的一种感觉，倘若没有正确的定位，后续的创造力将无从体现。你所创造出来的，未必是实际需要的，如若不是需要的，市场的彰显力就会明显不足，这对一个企业生存而言，是相当危险的。

时下，移动互联网让每个消费者在移动互联时代都有了属于自己的小世界，其中最能彰显个性的，就是每个人手机中的App应用，它直接反映了消费者对于某一领域的偏好和需求，也直接彰显了他们自身对生活方式、自我价值观的理解。那么，如何将这些有效的信息整理起来，实现数字化品牌的定位管理呢？其实，最核心的定位标准不在于产品化，而在于品牌营销管理中的人性化、服务化和需求化。一种"你中有我，我中有你"的社群融合，让品牌与用户的链接更加亲密，现实的需求也体现得更加明显。我们可以说，数字化下做品牌定位，本质上就是一种精准化营销的模式，当今消费者追求的不是"大众趋同"，而是"小众自我"。因此消费者在营销网络中的节点、触点，就成为企业经营者最值得关注的关键所在。

所谓的"小众自我",说的就是企业的个性化发展。品牌的核心着眼点是从高端用户入手启动的,因为这些高端用户愿意为自己更高的价值信仰买单,所以就一般产品而言,小众定制型产品,往往要比一般产品价格高出50%~100%。它更多的是经营一种概念,不求全世界认同,只求自己称心如意,它的范围可以很小,也可以很宽广,渗透于用户的精神世界,精神伴随着行动,从而促成购买行为。

比如2020年,敦煌博物馆将一系列文化元素融入文创产品中,将石窟、壁画、飞天等古丝路元素全部渗透到了产品中。同时借用波普艺术的表达方式,还原了千年前的彩绘壁画,最终诞生出了伎乐天、佛系、九色鹿等一系列富有古典艺术美的产品,而这些新奇的内容体现,直接触动了当代的"佛系青年"。"佛系青年"不是懂佛,而是在当下不满生活压力和焦虑感的大环境下诞生的一类青年群体。"佛系"已经成了很多青年人的自我代名词。敦煌博物馆抓住"佛系"这个连接点,给古老的丝路文化"加戏"。

数字化时代品牌创建观念的变化为品牌营销实践提出了新的思考。成功的品牌营销,不仅仅要读懂消费者的心理,还要作用于他们的购买欲望。在品牌与消费者之间,建立一种情感连接。这是一种物质空间、网络空间和心理空间之间能量传递作用的升华,将社交与商业、品牌与消费紧密地连接在了一起,形成了特色格调,并与群体认同相融合,塑造了一种吸引眼球的潮流趋势。

就数字化营销模式的品牌定位来说,其核心公式是:定位=价值链定位+业务模式定位+品牌心智定位。

一、价值链定位

价值链指的是企业顶层资源配置的逻辑与取向。它决定了企业进入哪些领域参与竞争，价值链接如何有效地进行分布，如何有效地运用眼前的资源，如何让价值在运行的过程中创造出更多的价值。这些是定位问题，是布局问题，也是战略问题。

二、业务模式定位

所谓业务模式，无外乎是要传达理念，表明"我是谁？""我是什么？"和"我能做什么？"不同的企业，不同的业务；不同的企业，不同的经营模式，产品与产品之间的差异也在于此。同类产品中，有些业务定位于老年，有些业务适用于中年，还有些业务适用于青年。不同的年龄段，对产品内容的选择方式不同，对产品的价值理念也是截然不同的，想要锁定自己产品的受众群体，就要有效地把握自身的业务模式，让自己的品牌内容更接近消费者的需求，从而有效地把握价值走向，最终将产品作用于消费者的内心，成为一种内驱力，源源不断地满足需求，也源源不断地创造价值。

三、品牌心智定位

世间所有的产品、所有的物质都是为心服务的，也就是说如果一个产品不能作用于心，那么即便它的质地再好，也必然难以适应市场的变化，唯有能够真正作用于心的产品，才能最大限度地赢得用户的青睐，实现消费最大化。一个人与一个人之间的互动，完成心与心的交流，而产品看似没有生命，但就品牌价值而言，品牌的理念，已经伴随着产品的输出，源源不断作用人心，形成一种潮流，也形成了一个新的概念。因为这个概念本来就在人心中作用着，所以一旦产品问世，概念就从心中迸发，形成强大的力量。这就是使购买群体始终对产品认同青睐的重要核心，也是整个数字化营销体系中，最需要把握的灵魂所在。

奢侈品之所以贵，是因为它传承了长久的高端文化，购买它的人们通过这种购买提升了自己的身价。通过一些高端的定位系统，来撬动我们本来很难实现的价值，这就是品牌定位的核心所在。卖橘子的人会告诉你"我的橘子甜过初恋"，卖凉茶的会告诉你"我的茶比女友的婚宴还苦"，可以看出创意本身若是不结合定位，那后续的格局是很难展开的。数据可以让我们对消费群体的信息有进一步把握，但如何赢得大众的认同，就看你的定位和玩法是否精准了。赚到了认同就赚到了成交，这是企业的经营之本。

建造自由阵地，构建长效品牌营销机制

万物因感情而生，也必将作用于感情。

2020年，第一批"90后"正式跨过了30岁的门槛。长辈们总教导年轻人要在合适的年龄做合适的事，"三十而立"意味着工作、置业、结婚、生育……但这代年轻人却有些力不从心。年轻人的"青年危机"不仅仅源于对年龄的焦虑，也因为被赋予了太多社会的期许。纠结、矛盾、焦虑的情绪，在二十几岁的年轻人身上尤其明显。

于是有人对当代年轻人的纠结进行解锁，其中的五个典型行为和它们背后价值需求的分析，最吸引人们的眼球：

朋克养生——买最贵的眼霜熬最狠的夜。

可控陪伴——不会成为负担的陪伴感。

求知焦虑——在舒适圈的边缘来回试探。

角色投射——我的"白日梦"会有人替我实现。

长大以后的世界，伴随着焦虑和烦恼，人们对未来充满迷茫，投射出的世界，不再如童年般美好。倘若真的有时光机，能够重新回到少年美好的时刻，听一听过去的声音，或许顷刻间，世界就会变得美好起来。

于是卖点在数据中有显现了出来，QQ音乐的"不断电能量站"、藏品级的设备、App立体化场景布置，将音乐营销深入到了年轻人醉意的心窝里，刷新了音乐营销的新玩法；而此时天猫超市也嗅到了商机，推出了怀旧的"回忆超市"，5毛一包的小浣熊、1块一瓶的北冰洋……一张五元钞票竟然还找回了一堆的零钱；知乎也玩起了校园感十足的"知食堂"。这些内容都极大地打动了年轻的消费群体，直接作用于身心，而身心又主导了消费。

在这个新兴的时代，年轻一代的购买群体更加崇尚自我选择，不再想接受被动信息的控制，他们渴望自由，追求自由，他们的世界里充满无限的创造力和灵感。以至于有些时候，产品还没问世，这些新锐的年轻购买群体，就已经开始畅想："倘若未来，有这样一个产品，它可以帮助我解决这些问题，我会不会可以腾出更多的时间、空间，摆脱困扰，尽情地享受生活呢？""或许有一天，有这样一款产品可以在家中帮我搞定一切，我可以不需要投入太多的精力，甚至可以简约化自己的工作，然后腾出更多的时间，去做自己想做的事情。""倘若有一天，家中有个机器人保姆的话，不，也许是个机器人性质的爱人"……

随着科技智能化的发展，诸多曾经的不可能，已经成为可能，诸多过去老旧的营销模式，已经淡出大众的视野。人们不断变化的需求，对应的是新兴营销模式产业下的供求关系元素。从一对多，到一对一，每个人都可以得到自己满意的、为自己量身定做的可行化服务。

既然如此，那么作为品牌，我们应该怎样在数字化时代有效地推广自己的品牌呢？就让我们根据以下的几个核心部分，进行进一步探究和诠释：

一、社群聆听

社群聆听是一种对品牌传播内容展开的对话进行评估。通过社群聆听，企业可以掌握更为清晰的第一手产品市场营销资料，可以用它进行产品的优化和改良，也可以在营销模式的优化过程中更好地将产品投入市场，企业可以更好地从消费社群的心出发，去贴近、倾听，从而最大限度地作用于消费者的内心。这样才能在理论上达到物质空间、网络空间和心理空间的合一，能够让消费群体更容易接受企业的产品，同时也能够更进一步接受品牌的潮流和文化。这对于新数字化经济时代的营销品牌建设来说是非常重要的。

二、网络志

人与人之间本来就存在着一张无形的网，起初这张网只是作用于人心，作用于人与人之间、人与物之间的关系，但现在的互联网变得更为生动、玄妙了，更富有可能性了。数据的计算，让我们可以在网络交织的时代，更好地把握现在和未来。看似是无声的，其实每天都在以不同的形式进行着能量传播，除了作用人心以外，企业在品牌营销和产品营销的过程中，也可以利用其中的优势来更好地经营自己、推广自己，这个表达内心思想、内在志向的群体营销模式，就是网络志。

网络志与社群聆听之间的区别在于，它是一种网络性的体验受众群体，所有人的身份都是网民，也就是说，人与人之间的链接是隐性的，他们的对话看似亲密，其实真实身份很可能是毫不相关的。当数据作用于网络，其所拿到的资料很可能是更为宽泛的，更为真实的，因为所有的人在保持虚拟状态的时候，最容易在轻松的氛围中发出自己真实的声音，做出自己对产品真实的评价，通过晒图、分享、评价等多元化的形式，让受众群体通过一个网友的感受直接作用于心理，最终对产品做出选择，形成共鸣。这类学问也成了网络志研究课题中最重要的核心，谁掌握了其中的规律谁就相当于掌握了一个无形的技能，既可以有效推广品牌，又可以稳定促进消费，拥有属于自己的数字化营销网络运营模式。

三、同理心研究

所谓的同理心就是说，企业不能再像传统营销模式那样，凭借自己的思想想当然地闭门造车，而是要站在用户的角度思考问题，把握他们的消费同理心，把握他们从人性需求到高标准需求的真实需要，伴随着数字化的呈现，把握其中的核心脉络，最终赢得消费者的共鸣，从而有效作用消费者对产品的消费心理。这看似是一种新型的营销模式，但事实上却是一种心理作用管理下的产物。这里面有概念的衍生、潮流的把握和人们对于生活、工作、情感的经营和理解。其中的每一种认同，都蕴含着心理学、产品设计学、营销学、企业经营学等知识体系，让人们对手中的产品产生更为细腻的情感需要，而产品品牌的营销运作，也会为用户带来更多体验上的认同和欣喜。这或许是一种体验，或许是一种正向的心理反应，但不管是怎样的交互作用，这种作用的催化体系中所呈现出的品牌魅力，相比于非数字化营销体系作用下的品牌运作更高出一筹。

框架重构，建立一流的数字化品牌建设体系

旧的框架模式早已不能顺应新的时代。经济体系需要变革，要求产品要最大限度地适应消费需求，对于一个产品而言，其核心内涵早就不局限

于品质,而是一种作用心理的赋能。

从理论上说,营销的模式体系是一种空间合一的运营模式状态。就传统模式而言,产品的物理空间、网络空间,乃至于心理空间,虽然彼此连接,却是一个间接性转化和互动的过程,而当下的作用从这种间接成面的交互作用转变成了诸力成点的直接性运营模式。也就是说,企业不再在品牌运营上一味使用暴力模式,广撒网,而是以更富有针对性的运营模式,将所有的时间、空间,以及能量意识体系完美地凝聚,最终一切在数字的运化中,凝聚成一个强有力的集中点,所有的作用在完美的连接中合一,形成强而有力的凝聚力,融汇了企业品牌运营的所有精华。

其实就数字化营销体系建设的重构而言,其主要的核心元素板块主要有三个:一是产品运营时代的交互性和沟通互动性;二是产品数字化呈现的追溯性;三是整个品牌的传播效力。

一、品牌的输出方式发生了变化

曾经的品牌效应输出形式是很单一化的,以广告体系为主,作用于消费群体的思想、耳朵和眼睛。因为产品的呈现单一,需求也单一,所以产品与消费群体之间的关系就是一对多的关系,也就是一种产品,一种思想,却要强加在不同的消费群体之中。就好像不管是多大的岁数,有什么样的不同需求;不管是什么职业,也不管是什么样的生活状态,总之我要让你知道,抢占了你的一部分自我空间,你就此知道有我的存在就可以了,至于你选不选择我,需不需要我,都不是我所考虑的问题,也不是你能够选择的。

但是现在的品牌输出方式就截然不同了,因为数字化营销体系中经营的内容是用户,而用户的运营核心是服务,至少就当下来说,这个时代的用户对于消费属性的概念已经与原来的用户消费属性完全不同了,消费自由、消费自主、消费心情、消费概念一系列的内容作用于消费的本质，最核心的内容已经不仅仅是一种对于物性的需求，而是一种内在的心理情怀、一种愉悦兴奋的精神体验。由于信息输出的模式发生了改变，品牌的输出方式也因此出现了改变，从暴力走向服务，从广泛走向精准，一系列的衍生意味着一个全新营销世界的到来，人们在多维的运营模式中拥有了更为鲜活的产品体验，不论是形式，还是产品品牌内容本身，都有着社会群体值得认同和推崇的地方，因为运营模式的变化，后续产品衍生出来的维度将更为宽广，就方式方法而言，相比于传统营销体系，其核心价值也变得更为宽泛和深广了。

二、数字化追溯性相比于传统营销体系，呈现得更鲜活，速度变得更快

品牌在传统行业的营销的推广体系过程中，由于彼此的互动存在间隙，能够彼此传递的价值内容信息太少，而很多消费群体对于品牌的了解还仅仅是一张图片，甚至于连图片都没有印象，显然这样的营销追溯实在是太低效了。想要彻底颠覆固有传统的低效率互动，首先要从完善好自己与用户之间的沟通互动开始。数字化营销体系，以数据作为依托，就此推导出更容易被大众所接受的营销互动体系，针对不同的群体，不同的年龄，不同的工作领域，量身订造他们最为满意的互通营销体验。这意味着所有的人都能在全新的营销运营模式中享受到自己满意的贵宾级待遇，因为物质内容与心理内容相匹配，所以产品才能更好地作用于心。一旦产品收益群落庞大起来，品牌的影响力、品牌的特级拥护者与传统营销的影响力相比，一定是作用更深远的。

三、品牌整个传播的运营效力

只要我们用心挖掘就会发现，现在的营销模式，已经不是以前的盲目铺张，不管受众群体在哪里，只需要让他们在广告的渗透下记住就可以了。相比于传统营销模式，当管辖的品牌传播效力已经从过去的普遍性，转变成为精准的小众式，这种从以大而广为中心到以广而少、小而精的转变，使得品牌因此有了属于自己的特色，其内涵因此衍生出了富有个性色彩的内容和潮流。

多元化的时代，多层次的需求，在这样的空间转化中，物质空间、网络空间、心理空间完美地叠加在了一起，成为一种新型的数字化营销逻辑体系，三位一体的特殊作用爆发出了独具特色的效应。固有的单一化营销模式，正伴随着时代的迈进顺势瓦解，而多媒介的营销互动体系，渐渐取代了原有的广告模式，成为一种新鲜的产出，作用于精准的消费群体。正所谓"对脾气，才更默契"，所有的品牌营销理念，都应该秉持着这一原则，与其将全部精力投入到效应不大的扑面广告中，不如借助数字化推演找到自身品牌最忠实的朋友和伙伴，找到能够接受产品的群体，随后再进一步地作用于群体本身而成为他们信赖的对象。数字品牌营销的核心内容已经远远不在于产品本身，而是为了打造一种文化，塑造一种信仰，以产品的呈现来驾驭受众群体的精神驱动力。每当想起这个品牌，就犹如想起了一个人，隐隐地嗅到了他的气息；也宛若美好的初见，融入了情怀，成为世界美好的音符，品牌悄然地融入了每一个人愉悦温润的心里，就此所有人都不再回避，也不再拒绝。他们已经不想排斥品牌的内容文化。因为一切入心，所以无可挑剔。

第三章

数字化广告运营:
企业如何进行广告营销与投放

数字化营销 | SHUZIHUA YINGXIAO

优化逻辑，一张谁都想要的变革思维导图

每个人的思绪都是富有连接性的，看到一件东西，会联想起很多。同样在数字化营销体系当中，每一个元素背后都有海量的意义，那是一条无止境的庞大世界，而其中的内容都是可以任由我们自己设置的，我们的世界因为一个概念而充斥着强大的驱力能量，源源不断地涌动灵感，将一个点，从一个简单的逻辑延伸成为网络，一点点清晰地展现在我们面前。

简而言之，数字化广告就是以数字化媒体为载体的广告形式。广告在传统营销中采用各种不同模式的传播手段，作用于市场，也是自营销体系产生后最古老的品牌传播工具。在数字化的时代，广告依旧拥有着自己的优势，在整个数字化营销体系中占据着非常重要的核心的地位。它曾经是一种以产品触碰消费群体心理的最佳方式，却因为广谱性抓不到核心的重点，无法真正找到那个誓为知己者荣的知音群体。这也就是为什么在时下的数字化营销体系中，广告行业将在整个的市场体验中改变固有的单一性的营销模式，以更为多元化的广告营销形式作用于市场，精准用户标的，从泛泛到小众，长驱直入，让自己的品牌产品直接锁定消费群体，

最终将概念精化，成为群体中公认的值得向往追求的对象。就此数字化广告也掀起了崭新的一页，与传统广告相比，它拥有以下几个与之差异的核心特质：

1. 复杂性

所谓复杂无外乎是网状的，多元化的交叉共振，它拥有了超过30万种形式的数字化广告，比传统的广播、电视、户外广告还要复杂无数倍。因为它的模式繁多，运营模式各异，所以最终产出的内容也不尽相同，看似轻松简单，其实在数据推演的过程中却是一种不断叠加的呈现，因为这种呈现直达人心，锁定了精准的消费群体，所以不论是从模式，还是从体系，都是一种复杂多样的演变，它的倍数相比于传统模式在不断叠增，而其所获得的收益效率也与过去的广告形式存在很大的差异。

2. 低成本

传统行业的广告购买是非常昂贵的，也并不是每一家企业的经济实力都能承担得起的。低廉成本，可以以小博大，同时还能创造更为丰厚的经济价值和产品价值，这对于企业来说无疑是一个更好的选择，不管何时、不管何地、不管怎样的产品，只需要优化内容，就能够获得消费群体的青睐，这是所有企业所向往的核心广告设计，一切拼的是智商，一切作用于群体，一切优化的是定位，一切投放都将致力于产品的推广。

3. 虚假广告

因为低成本和低门槛效应，最终导致了数字化广告媒介在推广规则上的无序，其所投放的虚假信息远远超过了传统意义上的广告模式，企业需要花费大量的精力来提升数字化广告的转化率，也因为如此，如何提供真实有效的内容将成为后续数字化品牌传播者率先要考虑的问题。

在传统时代，广告主（企业）购买广告的目的往往是基于充分的数据化分析、严谨的对比和科学屏蔽的过程，最终选定最适合自己的广告营销模式，并通过购买投放广告广谱性地接触用户。而在数字化购买的进程中，广告主需要通过DSP的帮助在广告交易平台上对目标广告位进行出价，并最终到达目标用户群体的精准标的。由于进入用户购买时代的数字化广告的整体过程在顷刻间就已经完成了，所以在广告主需要多种服务和工具来实现程序化的数字购买阶段，借用大数据的支持，可以完善自身广告设计，优化营销逻辑，拥有更完备的营销内容体系框架（见图3-1）。

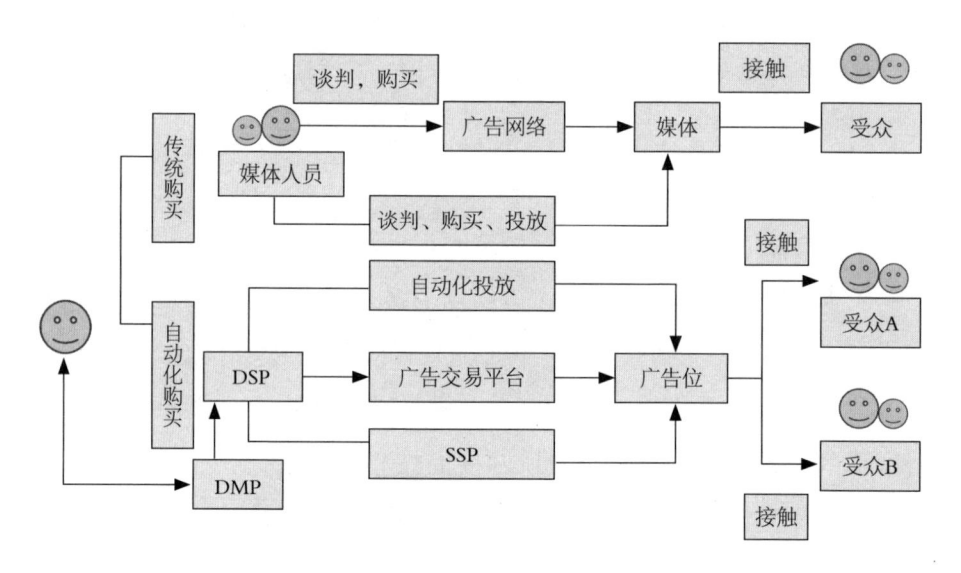

图3-1 从传统网络广告到数字化购买

资料来源：图资源来源于KMG研究。

以图3-1为基础，下面就让我们来了解一下数字化购买中的那些关键内容：

1. DSP（需求方平台）

DSP的真实意思是需求方平台，需求的用户群体针对广告主的优化设计,将广告内容以及连带的产品营销理念投放到管理的平台,DSP会将整个广告投放所在的网站,而页面以及受众人群属性的数据也在此基础上形成流水线作用于市场,广告主可以通过实时竞价的方式购买有限广告推送的机会,将自己的广告率先曝光在目标受众群体面前。而此时的DSP的位置,可以认为是广告主在进行数字化广告购买的技术顾问,帮助广告主跨越数字化广告的技术门槛。

2. DMP(数据管理平台)

数据管理平台将各种互联网数据进行了有机的整合,最终纳入了统一的数据库进行管理,并最终进行系统标准化的分析,为DSP进行数字化购买提供了更进一步的数据支持。绝大部分的DMP属于DSP的一部分,让所有的广告主都能够将其所创造的需求效应精准锁定目标用户,因为有丰富的数据作为支持,数据平台可以源源不断地向企业提供信息,提供大数据分析,并最终精准地锁定产品卖点,以及购物群体的自我认购需求。

3. PTB(实时竞价)

所谓实时竞价,其核心指的是在一个用户出现在互联网上的时候,其浏览的一个网页或者进行某个数字活动的时候,企业通过对该用户行为的挖掘,通过需求的大数据支持,直接接触到该用户,并直接进行实时的广告竞拍,最终决定究竟要以怎样的广告内容作用于市场,作用于数字化营销体系的流程和模式,整个复杂过程基于第三方技术,只需要30毫秒的时间,全新的广告运营模式便会进入用户的视野,完美地呈现在用户面前。

4. PMP(私有交易市场)

私有交易市场将传统的自由交易方式转化为自带流量的程序化购买,最终将两者有机地结合在一起。广告主预先采购好了广告标的,获得了最为优质的流量，随后又通过程序化购买的方式管理这些广告位和广告的投放，让整个目标用户看到自己想看的广告。它与PTB不同的地方在于，它将广告位提前进行了有效购买，作为广告位的私有体系机制作用于市场，也作用于用户本身，根据预先做好的设置，数据的演算会将用户钟爱的内容以先入为主的形式作用于平台市场，作用于消费社群，让大众在任何时间和契机下都能看到自己喜欢的产品，从而快速地促成交易。PMP的方式消除了产品的不确定性，给广告主提供了一种全新的"私人订制"的选择，而这种贵宾级的待遇往往是当下的消费群体最为热衷青睐的。

其实就营销而言，数字化的营销体系下其所蕴涵的丰厚内容源自消费者与企业数字化转型之间所产生的物理共振、空间共振和情感共振，其中所演算推理的除了产品的内置以外，更多的是消费社群对于产品的服务需求、购物需求和心理需求。这些需求作用于市场，成为一个完备的消费体系，优化了设计，形成了特色的逻辑，最终形成数字化营销的关系网络，形成一条条多元化的营销主体模式。这就是数字化广告产业在数字化营销运营过程中的灵魂所在，它不仅仅作用于消费，不仅仅作用于市场，还是消费心理的把握，直接以数据的形式决策当下，洞悉未来。

广告的力量与渠道的力量

数字化时代中，消费群体的定位和画像是精准的，"80后""90后""00后"，每十年的聚焦人群，对于品牌的认知、接受和喜好是完全不一样的，所以首先要明确你的品牌诉求对象是谁。

品牌的运营，要形成网状闭环，原来是点线为主，现在必须是网状闭环，网状闭环要进一步地升华变成一个球体，无论是线上线下的运营，都要以谋定的社群为核心，才能发挥品牌的最大效率价值。

当品牌运营到执行阶段时，产品端走到消费端，由消费端回到产品端，把控和深度挖掘创作需求，都是要以创作需求为主题。因为数字化时代的需求都是发散的和小众的，所以会存在常态性的差异，此时如果创造需求，要针对不同的消费需求创造相对应的营销模式。"80后"和"90后"，他们的感受不一样，所以不同的群体，要有不同的区分，总结起来有三个要素，人群的高度细分、高度差异化和个性化，形成品牌的个性逻辑改变。

想象一个场景，消费者通过电视广告知道了一个产品以后，跑到实体店面体验他所看到的这个产品，在经过了比对和咨询后最终明确了产品的特性，在网上进行了对比后最终以较低的价格买下了这件商品。再想一下，用户通过网络广告了解到了产品，用收集信息的方式在社交媒体上搜索更多的相关信息，然后访问产品比价网站进行快速的比较后，确定了产品的优越性，最后找到最近的实体店买下了这件商品。

前一种场景叫作"展厅"销售，而后一种则叫作"反展厅销售"，这两个方面都是数字化时代常见的购物场景，用户越来越移动化和平台化，不断地从一个渠道向另一个渠道流动，自线上和线下间切换。在快节奏的传播中，用户们所期待的是无缝连续的用户体验，但不幸的是，传统的营销渠道已经没有办法为这种转变提供合理的支持，传统的营销方式往往相互孤立，各自有自己的目标和战略，这使得企业错失了绝佳的机遇。

现如今的销售人员在进行营销渠道的选择时，应该顺应这样的变化，

数字化营销 | SHUZIHUA YINGXIAO

数字化营销时代下的用户来源，并不都是直线性质的，因此，他们需要通过实体和线上的渠道结合，去指引用户的每一步操作，只要用户想要购买，他们就要保证随时随地"在线"。

化妆品花西子如今迅速走红，该品牌的成功首先得益于敏感洞察Z时代①年轻人的本土文化需求，然后大胆融入书法、园林和花卉等元素，有针对性地打造出一系列的国潮美妆产品，并通过不同的平拍渠道，针对"国风圈"进行别出新意的内容营销。

"星穹雕花口红"是花西子的网红爆款产品，古方传承，潜心研发，花是产品的核心，古典美融入了产品华美的思想内涵。为了能够制造更大的渠道声势，花西子邀请李佳琦作为产品首席推荐官，就此在渠道和内容上构成了完美的闭环。

从应用场景层面，为了能够更加深层次地与年轻人共振，花西子在渠道上形成个性跨界，甚至与首个登上纽约时装周的汉服品牌三泽梦合作联名汉服，并与新锐设计师杨露台合作联名时装和定制的手包，将东方元素联手推上国际舞台，增强了国风的自豪感。

从传播渠道上，花西子也进行了精准的设计，不同的社交平台和特定的圈层有效地形成了定制化输出，比如在抖音上推出开箱视频，发起卸妆卸除脸谱装挑战赛；在快手上，则是寻找知名主播进行口红试色；在淘宝直播上推出各类古典妆容的仿妆教程；在B站（一般指bilibili）上，推出了华服展示、国风歌舞、古代食、物做法等多元化营销内容。

渠道是企业赢得市场胜利的关键性因素，在产品和价格高度同质化的

---

① Z时代是指受到互联网、智能手机和平板电脑等科技产物影响很大的一代人。

背景下，渠道建设以及管理成为企业用力的关键点。渠道是否合理和畅通十分重要，它已经成为一个企业的命运核心所在。如果不能控制销售渠道，企业的产品就难以转化为货币，企业就将失去生存发展的源泉和动力，因此可以说，渠道管理是一个企业是否能生存的命脉。

甚至有人说："渠道是产品流向终端的必经之路，也是成功的关键。"在市场营销中，渠道是最重要的，没有不好的产品，只有不好的营销，没有不好的营销，只有不好的渠道。虽然这一观点有点偏激，但是营销渠道和销售人员的重要性不言而喻。当今时代，渠道必须具备下列几个特点：

1. 疏通性

所有的渠道方式都一定要保障它的通畅，如果渠道不通畅不到位，那么产品和内容都无法顺利到达指定的位置，没有固定位置自然就得不到受众的关注。

2. 广阔性

在渠道的结构当中，分为长度结构、基层结构、宽度结构以及广度结构几种类型，构成了渠道设计的渠道变量，进一步说，渠道结构中的长度变量、宽度变量以及广度变量，完整地标注了一个三维立体的渠道系统。

3. 可控性

渠道决定企业疏通，自然就需要渠道管控，就是说渠道必须要具备可控性的特点，公司建立其渠道系统，仅仅是完成了实现分销目标的第一步，而要确保公司分销目标的顺利完成，还必须对渠道系统进行实时的渠道控制，渠道控制应贯穿于渠道系统运行的整个过程。

内容为王，完善好产品标签上的新标语

这些年，内容营销一直是一个热词，也一直被人们当作数字经济时代的广告。今天的营销人员需要跨过的最大门槛就是：用户对广告往往不会照单全收，他们更愿意向亲人和朋友征求中肯的意见。用户会通过向社区的亲友问询，亲自弄清楚品牌生成的内容是否属实。

营销广告缺乏吸引力的事实对营销人员来说无疑雪上加霜，营销人员的关键任务是传达品牌的价值和定位，社交媒体在这种转变中扮演了重要的角色，过去的用户通过传统媒体接收各种各样的信息，没有选择内容的权力。是社交媒体改变了这一切，让用户可以自主生成更加可信并且有吸引力的内容，社交媒体内容的自发性和按需分配性更让其活力十足，因为用户可以随时随地选择自己需要的内容。

作为内容营销概念的提出者，乔·普利兹认为，内容营销是一种教育行为，通过富有教育意义的文章、电子书、视频、娱乐的网络论坛等内容形式，持续提供富有价值内涵的信息。最终消费者对品牌传播的文化予以认同，进而从认同转化为消费，企业可以通过这种方式促进利润增长，而消费者通过购买，可以获得自己心中满意的价值。

茉莉传媒CEO在运用内容营销广告战略的时候，就做得既直接又到位。

2015年，茉莉传媒诞生，这时候短视频PGC的创业狂潮才刚刚兴起，那时候电商内容营销还仅仅是图文的天下，而茉莉传媒当时也仅仅是一个叫作"茉莉妈妈"的母婴行货指南的账号，短短的一年时间，茉莉妈妈成了淘宝V任务排名第一的媒体账号。其中有一篇爆文聚焦了145万的阅读量，直接帮助商家卖掉了30多万的货。这时候，茉莉传媒的CEO才第一次直接感受到电商内容营销的无穷力量。

与如今的理智相比，当时的资本市场要比当下热情得多，一大批同类的企业顺利地拿到投资，而茉莉传媒却始终按兵不动，其原因一方面是林敏对这种模式抱着十分谨慎的态度；另一方面不断上行的营收也给了他们自己养活自己的底气。

直到2019年，资本市场早已经冷却了下来，开始寻找具有长期价值和自造血能力的优质标的。而茉莉传媒对自己的业务体系和未来也有了进一步的规划，接下来要加速发展更需要资本的支持和背书，于是茉莉传媒正式启动了融资计划。

2020年，突如其来的新冠疫情让线下商业全面受损，电商内容营销的热度则随之急剧攀升。原本就在一路狂奔的茉莉传媒，自然成为资本市场的宠儿。在林敏看来，投资者至少看重了茉莉三个方面的重要价值。

第一，茉莉传媒正处在快速进化的行业，充满着更多的可能和机会。作为一个新鲜事物，可以在更多的渠道加以尝试，而内容营销恰恰代替了"品效销"三项合一的新阶段，而后续所能换来的利润收益也十分具有期待性。

第二，团队实力。茉莉团队的核心成员从企业创立之初到现在可谓身经百战，具有相当成熟的创业经验，凝聚力极强。他们与林敏已经是十年以上的老搭档，互相之间的信任和默契让整个团队阵容更加稳定，也因此赢得了投资人的信心。

第三，对于他们的未来方向规划，很多投资人也报以浓厚的兴趣，以数据和技术投入来说，KOL（关键意见领袖）的内容有着非常明显的"碎片化"甚至"粉尘化"的特征，再加上千人千面的算法，使得每一次营销策略的设计都需要进行通盘的考量。只有还原了数据本身，才能够更好地找到产品的方向，帮助商家实现更好的营销效果。这样借助数据和技术的赋能，茉莉传媒就可以在内容策略、媒体选择策略、渠道运营策略上更具优势，这个对于投资人来说无疑是一个非常高效而赋能的风向标。

林敏说，随着社交媒体的发展，最近两年广告内容营销在国内越来越火爆了。尤其是类似小红书这种以女性题材为主的"种草"平台，更是让人们体会到内容营销的魅力所在。新冠疫情之前，微念公司打造了李子柒的人设火爆，让人们感受到了内容营销在短视频领域的强大威力。疫情常态化后，为了能够快速扭转局面，携程董事局主席梁建章亲自披挂上阵，登上直播间，在三亚、湖州和贵州等地，通过饰演"苗王"和"唐伯虎"等方式，带货6000万，大大拓宽了内容营销在直播领域的想象空间。

调查显示，当下大多数企业（75%）已将数字内容视为有形资产。其中，绝大多数的大型企业每年仅在内容管理上的支出就超过了5000万美元。由此可见，企业想要在这个数字化的营销时代胜出，内容将会成为其中最为核心的生产力，它将伴随着数据的延伸，成为一连串精密的生产线，它将更好地服务于用户，作用于产品，这样富有创意性的改变其实是一项严谨的工作，它意味着企业不再在产品输出上处于被动局面，新颖别致的内容创造，等同于创造机会，打造无限的商机。

那么数字化营销时代下的广告内容营销运作究竟有哪些富有价值的行为战略呢？

一、必须让你的"内容"和用户产生关系

内容是作用人心的，如果没有入心的欣赏，内容本身就会失去意义。在进行内容营销运作的时候，我们最重要的核心就是运作品牌与用户之间

的关系。而就关系而言，并不是所有人起初对待我们的态度都是火热而亲近的。世界之大，总会有一些不认同的眼光，有些人不论你怎么争取，都不可能成为自己的受众群体，这样的无关系者，并不用刻意讨好，可以关注，只需要不去招惹避免不必要负面影响就好。

而对于一些泛关系而言，在这一群体的人，秉持着不冷不热的温度，君子之交淡如水的感觉。此时我们便可以通过内容的变现，尝试着帮助他们解决生活中棘手的难题，帮助他们制定解决方案，以此尝试着来拉近彼此之间的感觉，争取他们加入自己的氛围，成为自己的忠实粉丝。

而对于富有强关系引力的忠实粉丝，则需要有效地树立他们的身份标签，把他们拉进自己的阵营，创造出各种新奇有趣的活动和玩法，增进彼此之间的亲和力。这样一来粉丝不但可以从内容活动中源源不断地获得成就感，还可以更好地增进感情，催化更进一步的消费行为。

二、围绕需求准备合适的内容素材

内容策划可以是轻松幽默，可以是明澈抒情，但其中最核心的成分一定是洞达人心。创造符合个性化需求的内容素材，拉近自己与用户之间的亲近关系，将自己的目的卷入用户脉络，才能有效地创造需求，促成更进一步的营销目的。而就着眼点来说，主要分为以下四个元素：

1. 社交人格化

本来营销流程是硬性的，没有感情的，但是品牌的文化却可以赋予它另一种生命力，我们可以把自身的品牌定位设置成一个有脾气有个性的身份标签，这个特殊身份，可以让消费者精准地扫描到自己的气味。而这种人性化的广告运营模式，不但可以增进与用户之间的亲密感，还可以让他们寻觅到与自己产品统一的个性化需求。

2. 社会化叙事

人们不会记住长篇大论的演说词，但秉持着古老记忆的沿袭，他们会很轻松地通过情景进入你的故事。故事不在于结果，而在于过程。沿途的设置可以让人们各取所需，找到自己需要的东西。一个故事一个话题，你的设计，起着至关重要的作用。

3. 内容速食性

所谓速食，就是方面、快捷、简单、直接。它可以以最快的速度卷入消费者的狂潮，不断地作用于他们的身心，在带来享受的同时，也创造了丰厚的利益价值。不论是一个轻松的段子，还是一段画面鲜明的短视频，贴近生活的表达形式很容易让对方联想起自己，进而快速地拉近关系，赢得对方的认同感和青睐。

4. 娱乐科普性

太娱乐性的内容看不到实质的价值，太科普的内容又觉得枯燥无味，而富有创意的广告内容，能够结合趣味与实用，以一种最轻松愉悦的文风，将复杂的事情以最简单的逻辑表达出来，这样不但有效地拉动了用户关系，可以为用户提供最有价值的内容输出，也很可能就是建立彼此信赖关系的开始。

三、创造和策划更多的用户参与机会

传统的内容营销渠道，是和媒体合作，有规模地进行广告投放，在广泛普遍"洗脑"的作用下，用广告吸引，以此粗暴地达到自己的营销目的。但当下的年轻的消费者已经越来越不吃这一套了，他们希望更为自主地选择自己的消费方式，这就意味着内容营销要快速地根据消费者的需求转型。不论是从创作、策划，还是发布，都力求能够贴近生活。这样才能更进一步地与用户进行交流，促进他们的参与，让消费节奏变得更有效率。这是一个将概念融入消费者洪流的内容创作契机，唯有与消费需求融为一体，所有的创作和策划才真正富有价值意义。

四、认清你的目标，重视内容的创意机制

想要让自己的营销内容有影响力，首当其冲要让先找到自己营销内容的核心目的。我们是想利用创作的内容达到一个怎样的结果，是教育、调剂、说服、娱乐？还是一种专项性的品牌文化输出？这是在创作之先必须定位的核心问题。有了精准的目标，才能产出精准的内容，尽管形式多样，但方向不会偏，针对性可以更好地形成消费引流，不至于因为偏离轨道而让创作意图失去价值。

数字化的本质在于数据运营，而运营的核心则在于其所运营的内容体系。对于内容营销而言，如何快速地搭建企业的社交媒体矩阵，如何有效地打造自身所特有的品牌内容运营逻辑，如何实现内容精准地投喂，将成为企业有效挖掘用户价值的重要契机。由此可见，未来的营销核心，除了产品的品质外，重中之重为内容为王。

模式蜕变，新型广告运营模式下的"互动效应"

销售循环是让用户从了解到最终完成购买。数字营销绝不会忽视从行动到用户的每一步。

把起初的买家变为忠实的拥护者，需三种行之有效的增进互动的方式，第一种是使用移动应用（App）改善他们的体验；第二种是使用社会化用户关系管理为用户带来发言权和解决方案；第三种是将这些方法结合

起来使用从而达到最佳的效果。

消费者日常生活中的很多活动都严重依赖智能手机，他们用手机阅读新闻、分享信息、了解社区动态等。这也使得手机成为同用户互动的最佳渠道。

全球100强企业多数都在通过手机App和用户互动，这些App的用途多种多样。首先可以作为搭载视频和游戏内容的媒体，比如使用增强显示AR技术的精灵宝可梦；其次手机应用也可以是用户直接使用账户进行交易的自服务渠道，比如丰田金融服务让用户可以用软件管理账号，甚至完成购车。最后，手机应用也可以融入整体的产品和服务体验环节中，这一点尤其体现在汽车行业中，比如宝马远程助理软件，就可以解锁和锁定用户的宝马车，并能够远程遥控汽车鸣笛或者亮灯。

近些年，社交媒体的兴起势不可挡，因此，品牌利用社交媒体同用户互动已成大势。NM Incite 的研究表明，用户如果享受过良好的品牌关怀，成为品牌拥护者的概率是原来的三倍。因此，社交化用户关系管理（以下简称社会化CRM）——使用社交媒体管理与用户的品牌互动、建立长期关系就成为用户参与的重要工具。

社会化CRM是传统用户关系管理的重大革新，传统CRM往往是企业主导的，而社会化的CRM则是用户主导的。传统CRM中，企业选用自己偏好的渠道和用户交流，比如说电子邮件的客服热线，而在社会化CRM中，用户则通过社交媒体上的咨询主动展开对话。

社会化CRM主要有三种用途，第一种是听取用户的心声；第二种则是让品牌参与到大众对话中，让企业建立团队，评论并影响对话，使其向有利于自己的方向发展；第三种是可以用于应对可能导致品牌危机的评论，让企业防患于未然，尽快给出解决方案。

此外还有一个核心理念是游戏化，所谓游戏化是将游戏机制应用于非游戏环境中的行为，是一种增强用户互动的有效手段。游戏化通常用于增强两种环境的互动：一是用户忠诚度的社区中，可维护忠诚度计划，最早的游戏化应用体现在交通行业中；二是用于网络用户社区中。游戏化能成为促进互动的终极法宝有几个因素，游戏化利用了人们想要取得更高成就，渴望被认可的心理，有的人是被奖励吸引的，有的人则是期待自我实现，像游戏一样，游戏化实现更高等级的过程也容易让人上瘾，因此，用户与企业的持续互动会产生更强的品牌吸引力。

想要让购买者变成拥护者，营销人员需要一系列的用户互动策略。数字时代增强互动的策略中，已经证实行之有效的主流方法主要有三种，一种是使用手机应用改善用户体验；第二种是使用社会化用户关系管理为用户带来参与感，解决用户的问题；第三种是使用游戏化刺激用户完成预期的行为。

第四章

洞察用户行为：
用户的数字化画像与识别

用户画像为什么如此重要

一直以来如何更好地了解用户，以此来实现可持续的营销，维护品牌的长久存在是营销者孜孜不倦追求的课题，而消费者画像便是这种追求的产物。从用户画像概念的提出到今天的大数据消费画像，营销部门从未停止对洞察用户方法的发现和探索。

用户画像的概念是20世纪80年代由交互设计之父艾伦·库珀提出的，这个精致的词汇是从真实的用户行为中提炼出来的一些有效特征属性，并最终形成核心的用户模型。他们代表了不同的用户类型以及其所具有的相似性的态度和行为。这些画像是虚拟的用户形象。用户画像将人们划分成不同的群体，每一个群体内部都有相同或相似的购买行为，因为具有价值观和具体偏好的共振效应，所以他们对待某一品牌、产品或服务，会表现出类似的态度。因此用户画像所描述的往往是不同于用户群体最显著的差异化特点。最初研究用户时是建立在少量用户的行为数据基础之上，随着数据技术的发展，作为调研对象的用户数量正在源源不断增加，而如今用户画像技术已经随着大数据的推进，被广泛应用于线上、市场营销和广告等诸多的领域范围。

用户画像可简单可复杂，这主要是基于用户使用画像的具体目的而定的。无论是简单还是复杂，用户画像最核心的功用在于他们可以有效帮助企业系统分析原因。在营销体系中，用户画像经常与市场细分的概念合并在一起，它代表着某一个细分市场的典型用户，它能帮助企业更好地理解用户以及用户的诉求，并与之进行了切实有效的沟通互动。

其实就目前来说，我们可以得出一个很系统的概念：所谓用户画像，指的是根据用户的社会属性、生活习惯和消费行为等一系列的信息进行系统的数据分析，从而设定相应的标签，作用于用户模型。

例如：目前30岁左右的女性，本科学历，白领，定居在二线城市，经常关注婴幼儿产品，崇尚健身，关注健康饮食等。

这就是一个简单的用户画像。当然这个用户画像可以说是某个用户，也可以代表某一类用户的消费群体，但需要注意的是，用户画像是一个极其复杂的数据推理过程，需要强大的数据调研和系统的分析，而且就流动的市场而言，它并不是一成不变的。随着数字化营销的日趋成熟，用户在不同的营销场景中，常常会被贴上不同的标签，这些标签就是用户画像的第一手资料，作用于市场，也作用于企业对消费群体的把握。

由此我们不难发现，用户画像是为了更好地理解目标用户的行为和需求，他们更多的是一种定性的用户形象，而就其具体特点而言，它包含以下几个基本元素：

1. 用户画像可以借用虚构的形式来表现和表述理想的典型用户；

2. 用户画像或是用户写真的结论是基于市场调研与已有的用户的真实行为的数据搜集，通常来说，一般会使用小组讨论或是专题工作坊的方式，与用户本人直接沟通，从而有效地进行数据收集；

3. 每推出一款新产品通常会形成多个不同形态的用户画像，每个画像都描述了不同类型的用户；

4. 用户画像或是用户写真描绘了用户的目标、动机、习惯、喜好，试图描述出用户的需求和欲望。

从定义角度来说，所谓的数字化画像与识别指的是用数字化的技术来表述消费者的各种特质以及这种特质在时间和场景下的集合体，帮助营销管理人员精确定义目标消费者，并在此基础上有效地设计好完备的营销战略，这才是数字化画像与识别过程中最为核心的功课所在。因为有了数字化画像的数据支持，企业在推广产品的时候，就可以以此为依托，有针对性地去寻找那些最容易对产品认同青睐的消费群体。

完美链接，先从完善好营销路径开始

大数据时代给人类思维带来的最重要的挑战之一便是：用相关关系而不是因果关系来理解这个世界。知道"是什么"比知道"为什么"更能有效地解决问题。

过去营销团队进行消费者洞察的主要目的是找出消费者行为背后的原因，也就是为什么不购买某个品牌的产品或服务，为什么喜欢或为什么不喜欢，消费者究竟是基于怎样的一种观念或态度来进行自我决策的呢？这样的推断可能会成为我们营销决策的重要依据，而以大数据为基础的消费者画像则更多的是在相关的关系中进行分析，在海量数据中发现隐含着的相关性，这也为我们提供了一种全新的消费者洞察路径，成了最实际、最切实有效的、完善好自我营销路径的开始。

举个例子来说，通过大数据消费者画像，我们发现了很多买了A商品的用户都会买B商品的规律，因为这种现象已经成为一种消费趋势，所以企业在进行营销活动设计的时候，就会向购买A产品的用户推荐B商品，最终成功地将其潜在的用户转化为现实用户或进行交叉销售。沃尔玛就曾经利用这种数据发现将尿不湿与啤酒放在了一起，因为他们在营销数据中惊讶地发现，很多父亲会在下班以后，来给孩子买尿不湿，但同时还会顺带犒劳自己一些啤酒。

亚马逊销售额的1/3来自其个性化推荐系统，个性化推荐系统便是建立在相关性分析基础之上的。埃里克·西格尔在《大数据预测》中提到，美国某知名订房网站通过用户分析发现，使用苹果电脑系统的用户要比使用Windows系统的用户更倾向于预订价格不菲的高端酒店，于是该网站就开始利用这项发现，将酒店进行排序，从高端酒店那里收取广告费用，后期其所产生的价值和订购价值都完全超乎了他们预期的想象。

消费者画像对于营销的意义来说，营销数据的支持不仅在于能够帮助我们更深层次地了解用户，把握市场，建立与用户之间的效率沟通，更重要的是，它能够帮助我们跳出原有的思维层次，从而有效地面对行为背后的原因，然后进阶性地进行探索，回到行为本身。这是从一个崭新的层面来全方位地了解用户的需求、心理，以及他们对产品评价的过程，而这样的预测往往是建立在相关性分析的基础上的。因为从用户的各类数据中，我们会发现很多隐藏的相关性，能帮助我们更为准确地找出到底潜在用户在哪里，用户的潜在需求是什么，并最终预测其购买的行为，有效地进行销售转化。而这种分析适用于新用户和市场，也同样适用于老用户的持续销售。

以用户为核心的"铁三角"

在所有的图形中三角形是最为稳定的图形组织,而在数字化营销的平台中,所有的企业都希望把消费群体牢牢地把握在自己手里,在这个数字化平台谁掌握了用户的核心三角,谁就把握了整个格局。只是这个三角的合成究竟含有哪些元素,怎样将自己的核心竞争力稳扎稳打地固定下来呢?在用户时代,以用户为核心的关系网络,人、信息和提交物形成了三位一体的动态结合,成为数字化营销用户端的互动基础,彼此促进,相互升华。

那么产品、用户与外围世界的关系究竟是什么样的呢?详见图4-1。

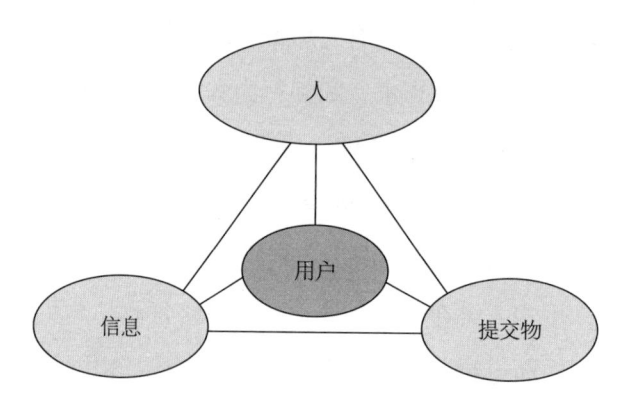

图4-1 数字化营销关系铁三角

资料来源:KMG研究机构。

一、用户与人

个体消费者对产品有着更为丰富的利益需求,当这种需求在特定群体中产生共振，其所产生的价值很可能也会远远超出我们的想象。这也可以说是围绕用户内在需求和外界资源的互动关系，也是用户与企业之间最直观的互动链接。

从企业角度来说，它是一个非人格化的实体，但企业是由人组成的，也是由人活动运作的。从消费的认知角度出发，用户很想根据自己的经历和逻辑判断，对眼前的品牌、产品进行"人格化"的定义。如何才能主动地引导和塑造企业在用户心中的形象，是企业品牌建立的核心内容。在快消品企业中，这一选择的形象代言人通常是企业品牌建立的核心内容，也是整个关系体系建立中的有效手段。他们会通过用户的喜好选择自己所青睐的形象代言人，产品是实体，给用户的消费感受也是真实的。不论是从形象，还是个性，乃至于核心价值观来说都是相互匹配的，否则表面看它是在做品牌资产的投资，而从实质角度来看，它所做的内容是对品牌的根基存在损伤的。也正是因为这个原因，在工业品营销领域中，越来越多的企业逐渐意识到，作为"人"的身份与用户以及其他利益相关者，如何维系沟通，保持有效的互动，在数字化营销体系的运营过程中都是十分必要的。

二、用户与信息

可以将一切看成是用户与信息之间的关系。这一关系中包含为用户提供信息的内容和方式。

除此之外还需要为用户提供相关的企业知识或是生活方式等多元化的用户资源信息。从这一点我们也可以看出作为企业为用户创造的无形价值，用现在数字时代流行趋势的话讲，是"一切产品内容化，一切内容产品化"的关系链接过程。它直接作用于品牌，作用于市场，也通过概率的数据演算作用于消费心理，在整个消费品行业体系中，企业甚至通过提供生活方式和价值量化的方式为用户提供各种宝贵的信息。在移动互联网时代，企业需要充分运用好自身的各种信息平台资源，有针对性地找到与产品内容相匹配的内容和用户资源，从而有效地全方位地进行布局，围绕用户的需求，深化产品和信息的需求，从而进行全面覆盖，有效地在数字化营销体系中拓宽市场，把握属于自己的品牌营销战略格局。

三、用户与提交物之间的关系

用户与提交物之间的关系不仅仅是一种购买使用和消耗的过程，如果将以前的用户行为看成是一条笔直的直线，那么数字化时代的用户轨迹就会因此而拉长，甚至出现弯曲的曲线。在移动互联网的时代，产品可以通过产品的使用为入口，从而在产品交易的基础上，有效地升级社交价值，建立好产品、品牌和用户之间的持续性的互动关系和价值关系。

这三种关系的相互作用，在产品和用户核心体系占据了十分重要的地位，源源不断地作用于用户，作用于消费，达成了良好的沟通效应和信息交互效应。通过数字化的涌动，将需求作用于市场；通过信息化的传递，将概念渗透进用户的意识和生活，从而有效地形成一股强大的稳定性，将受众群体稳定在自己的把握之中，将信息以及品牌效益、文化效益和产品效益同时作用于消费流程、选择流程、意识流程和心理流程。这是一条很流畅的流水线，在顺势推理的过程中不断呈现，不断作用，也不断变革排序，只为呈现出最佳的消费动态、品牌效益，拥有更多的品牌用户群体，并作用于消费本身，达到最佳的宣传效益、推广效益、价值效益和经济效益。

制作一张完美的用户旅程地图

每个人在购物的过程，都好似一段旅程，而这段旅程是否美好，直接决定了他们购买的心境。这就好比一早上起来打开窗户，空气清新，自来水管子的流水声都是那样潺潺动人，随后我们烹制了一份精美的早餐，吃完饭以后，打开衣橱换上一身满意的衣服，站在镜子面前微笑，然后自语道："今天真是美好的一天，不如去享受消费的乐趣吧！"你购物的旅程标的就是一系列奇幻的数据显示，那些碰巧的相遇、碰巧的美感、碰巧的气息、碰巧的惊喜，都不是偶然，而是通过系统推演后精心的设计。

看得见吗？从旅途的开端到旅途的结束，很多有购物体验的人都说，每次上街购物不一定买的都是自己生活的必需品，可是就在那个契机，就有这么一股引力，让自己的情绪泛滥，产生一种非你不可的感觉，这种感觉不断地升华，成了用户旅程中不可多得的坐标路线图，你的每一步都在无形中被商家洞察，每一次心动，每一缕意念的飘飞，乃至于接下来要行走的路线，都夹杂着企业品牌特殊的晕染。成交能量的转动，经过一系列地图站点的设计，优化出来一条漂亮的流水线。从起始到过程，从拿起到成交，你的选择里都蕴含着创意者丰富的智慧。有些时候我们会觉得一切太不可思议了，但冥冥之中就是会在他的模式中形成惯性，一步步兑现自己的喜悦。

举个例子来说：阿里巴巴数字原生商业操作系统，就是一张完美的作用于用户消费旅程的优化地图。数字原生，包含云原生、AI原生、区块链原生、5G原生等新技术。数字原生商业操作系统，夯实了以云计算为代表的基础设施层,打通了业务、数据、智能、协同在内的数字创新中台层,进而实现上层全链路商业要素的全面在线化与数字化(见图4-2)。

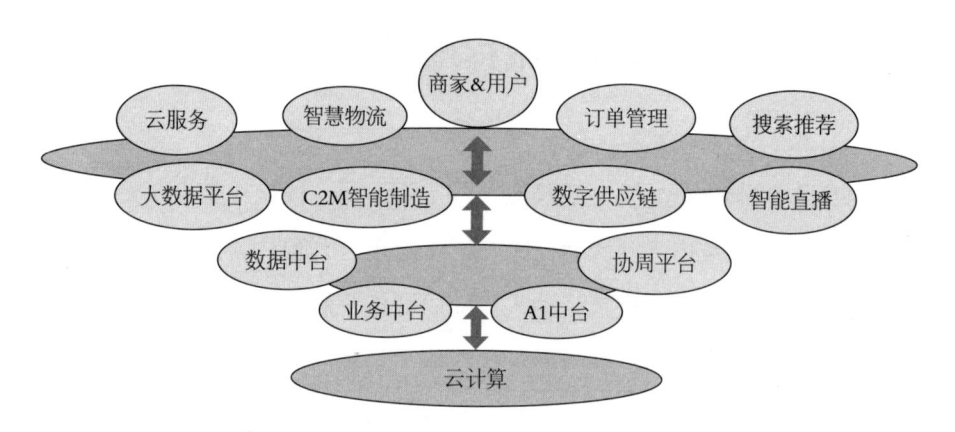

图4-2 阿里巴巴数字原生商业操作系统

资料来源:图资源来自阿里巴巴研究院。

为了解决以用户为中心的核心问题,提升整体用户运营和用户体验,很多企业开始如阿里巴巴一样采取多元化的营销模式,缔造出自身品牌、产品与用户链接所特有的旅程地图。产品或服务产生关系的全过程,以及过程中用户对产品品牌的内在需求和外在需求,以及后续连带性的感受体验,还有后续关系链接中所衍生出的连续性采购,在使用产品过程中的客观评价,一系列的内容都会通过地图的方式,经过数字化营销体系大数据的推演,真实地在旅程地图上得以诠释和显现。整个过程就好像一个用户从接触到某公司的广告开始,随后进阶性咨询比较、购买使用、分享体验,最后将体系全方位地加以升级,更换或选择了其他产品,最终终结了自己与这个品牌产品的连带关系。因为在这个过程中包含了很多用户与企业真实的触点互动情境,所以用户旅程地图也被称作触点地图,或者真实瞬间地图。

一个普通流程图通常是以企业设计者为核心的,其主要呈现的内容是流程以及相关营销体系中的变量，倘若用户的需求没有得到很好的体现，用户的情绪就会以数据的形式，通过信息的呈现反映出来。但用户的旅程地图则不一样，它帮助的标的在于让企业从用户的视角进行重新检视，从而让企业通过更直观的图形效应，更为清晰地了解自己，检视业务或服务，看看是否真的在每一个触点上满足了消费者的真实需求，而不是从企业自身的直觉出发，去想当然地设计和优化产品，想当然地凭借自己的直觉去把握用户的需求。它是一种优化服务，和用户体系互动的最佳模式，是一种由外及内的自身挖掘，它可以帮助企业更好地以用户为中心，让用户参与到企业的活动设计中来，这种方法正是一种新营销模式4.0概念的诠释，消费者和用户不再仅仅是营销信息的接收者，而是成了企业参与的主体，成了整个品牌文化产品运营乃至于经济价值体系营销运营的积极参与者。而这才是企业使用用户旅程地图来改善用户体验的终极意义和价值所在。那么就用户旅程地图对企业日常运营的意义而言，其核心究竟体现在哪些方面呢？总体来说，包含着以下三个版块：

1. 优化产品，改善流程：切实有效地帮助企业从用户的角度更为深入地了解用户需求，将产品价值渗透进用户的体验，以此来帮助自己选择一种最适合于用户青睐受用的营销模式，这样的呈现方式可以更为客观地了解自己的产品或服务，也可以有效地优化产品与服务之间的进阶关系，从而占据优势，变更劣势，一边优化产品，一边有效地改进自己的服务历程。

2. 提高执行效率：由于用户的旅程地图是真实情境的再现，是整个团队职能换位思考的呈现，因此有效地认识用户所经历的消费旅程，其所经历的消费经验，也是整个营销执行业务中不可忽略的部分，这样的同理心经营更能够打动消费者，也可以有效地了解用户心声，从而得到更为正确的信息传递和信息采纳。

3. 提高沟通效率：用户旅程地图有效地对用户的需求和感受进行更为细致的描述，为企业设计和用户的沟通环节提供有利的参考。而从另一个角度来说，企业内部在沟通的过程中，只需要一张旅行图便足够说明相关的一切问题，从而简单明了呈现事实，有效地提高与用户之间的互动沟通效率。

既然用户旅程地图能够如此细致地理解用户的需求和感受，那么它与消费者之间的画像功能是不是存在重复作业的情况呢？答案一定是否定的。消费者画像或者用户画像所真正呈现的内容是一个用户的整体需求以及数字化大数据推演下的需求潮流，这是一个由零到整的过程。而用户的旅程地图则是将消费者画像中的用户需求，分解到了每一次与企业的互动交流过程中，它能够以更显而易见的形式被企业及用户理解和认知，而这个过程无疑是个由整到零的过程。消费者的画像或用户画像是整个形成用户旅程题图中的重要前提，其首要核心是对用户的整体认知，唯有深入了解了认知的含义，才能在制作旅程地图上将这一切进行拆解，从而更进一步理解用户真实的需求和感受。不同的画像类型很可能有不同的旅程，他们会产生不同的步骤、不同的真实瞬间、不同的兴趣触点。如果想要拥有更好的用户体验，就必须结合使用消费者画像和用户旅程地图两种工具进行有效系统分析。而就两者的特性而言，用户画像针对的是用户的资料，而用户旅程地图是为了帮助企业树立出一个针对某一方面的某类产品、某种服务，以及后续一系列的官网体验等一系列优化的营销体系模型，从而更深入地把握市场，更加完善用户沟通，将自身产品理念、市场运营机制，更为精准地与用户画像融合到一起。

第五章

体验至尚：
浅谈企业数字化体验的重构与创新

数字化营销 | SHUZIHUA YINGXIAO

如何有效提升数字化用户体验

对于数字化营销的经济体系而言，2020年突如其来的新冠疫情考验，就是一个最为有效的考验，在此过程中，我们共同经历了生与死，也看到了与太平时期截然不同的数字风景。有些企业及时改变了步调，以数据推算为依托及时改变了自己的营销战略。即便是在萧条的经济格局下，即便几乎所有人都宅在家里，这些企业也可以乘风破浪，创造出了自己的神话，难关成就奇迹，真正意义上通过多元化的营销体验模式存活了下来。尽管并不是所有的企业在面临风波时都是那么幸运，但当被动裂变变为主动，当小小的手机衍生出了新兴产品营销体系中的绝佳体验，所有的用户都在顷刻间，将自己的注意力聚焦了过来。哪怕用户每天仅仅在手机的购物单上花费十分钟，所促成的产品销售数字流量也是相当惊人的。就此，谁是品牌的忠实拥护者，谁是营销模式的真实受用者，谁在源源不断地锁定自身的内在需求，谁对于产品提出了更高的要求和向往，一切的一切，都在大数据时代有了一个完美的答案。流动的数据伴随着精准的体验，整个消费流程就像一条完美的弧线，这就是消费体系下强大的内容依托。因为有了精准的把握，因为牢牢地作用于消费心理，因为百分百确定了品牌的价值走向，因为找到了最合适消费者体验的合理方向，整个营销经济，在互联网时代的运营中，展现出了另一番风景。最终我们惊讶地发现，原来在品牌乃至品牌广告运营传统逻辑的背后，现代的营销规则竟然可以衍生出这么多的玩法，正所谓"在我的地盘你就得听我的"，尽管这个逻辑听起来很霸道，但就体验而言，鲜明的个性真的要比一味灌输洗脑更直观、更富有创造力。

巨大的经济变革，在疫情时代让眼前的一切问题更直观化、放大化了，这促使企业不得不快速地将自身的运营体系进行有效整合，从而快速地完成自身转型，更进一步地在生存与机遇的共同体中发展。这是紧迫的、由内而外的变革，它加快了数字化体系转型的步伐，同时也在诸多不确定中绽放出无限的能量和契机。

在后疫情时代，随着新基建的提速以及数字化经济的进一步发展，如何有效地打造稳定、安全、敏捷、灵活的企业基础架构，有效地实现数字化体验的优化，已经成为一个摆在所有企业面前的问题。这意味着，在这个数字化营销的浪潮中，所有品牌经营者，都必须针对这个问题交上一份属于自己的答卷。

回归数字化营销的本质，它的体系并不是虚无缥缈的，而是真实可信的。它所针对的对象，核心不在于产品而在于两件事，一个是"人"，另一个是"针对人的体验"。就感觉而言，不论受众的对象是谁，都是最直观最真实的，因为有了体验，所以有了选择。人在感觉中呈现出内在的需求，曾经仅仅凭借企业品牌经营者对市场把握的直觉来判断，而现在却可以直接以强大的数据作为依据，快速地把握消费者的需求脉络营造出一种全新的体验形式和状态。不可否认的是，数字化体系在给我们带来便利的同时，也经常会让不少企业面临强大的挑战。各种业务模式、生活形态、管理方式、经营手段，这一切都在潜移默化地发生着微妙的改变，唯有主动出击,积极转型,才能更有效地适应变化,抓住机遇。我们在不断地颠覆与创新中寻求机会,不断地以积极的心态去应对变化。这个过程是一个自我诠释的过程,也是一个自我了解的过程。我们需要准确地把握特征,才能在真正意义上创造出让不同个性受众群体最为满意的产品营销模式。下面就让我们结合数字化时代背景下的关键特点,进行系统的阐述:

一、连接

说到连接,我们首先想到的是产品与消费者之间的连接,从宽泛角度来说,它是人与人、人与物、物与物之间的连接过程,整个流程在大数据的支持依托下,将这些核心的连接元素交叉连接,最终形成好的连接层次,深化连接创造体验,形成一种绝佳的驱动力,作用于市场和每一个产品消费群体的心理。

二、场景

有了产品和品牌的运营机制,下一步就要尽可能地在营销战略中加入自主的品牌信息和品牌氛围,这需要我们带着用户去进一步想象,进一步体验,并在这一步步的深化中,优化自身媒介需求的场景导向、价值导向和思维导向。我们会更多地研究用户在特定场景中可能产生的心理动机、行为动机和体验态度,并以此作为第一手资料,借助数字化的营销运营模式,更好地把握脉络,找到场景体验中的驱力核心,从而更好地完善体验,打造最适合消费者的体验,快速有效地促成消费的场景建设,这一切都能够帮助我们自主地找出更适合用户的体验模式。

三、数据

各种业务过程、用户行为以及用户态度的形成,都需要以数据为依托才能将一切进行系统的管理和判断，而大数据可以让企业在营造体验营销模式的时候，更为精准。企业可以通过流动的数据更为直观地发现问题、解决问题、了解整个营销体系的症结核心，从而快速有效地提升体验价值、体验质量和体验收益。

21世纪是深化"体验经济"的时代，如何作用于消费群体成为最亟须解决的核心问题，而用户体验作用于产品和服务之间，是企业、品牌、产品、服务和用户之间最完美的内接平台，社会经济模式的迭代使关注的焦点作用于产品，再通过品牌价值体验作用于用户。在这样由单一转向多元的竞争时代，用户关系从交易到体验，从体验到优化，整个过程都包涵了数字化营销体系的核心智慧。由此看来，如何有效地深化用户体验运营模式，如何在数字化的变革中把握核心契机，将成为后续挑战中最具突破性的技术革新和理念革新，成为促成多元化机制下富有魅力的营销契机和时代契机。

"好体验，好商业"，企业如何把好这一关

有好的体验，才会促进好的消费；有了好的消费，产品才能带动品牌和企业的运营活动，形成很好的生态商业链条，而其中最为核心的内容，不仅仅是企业运营的管理，还有用户以及用户体验的管理。数字化体验的管理主要分为两个层次：一层是体验本身的数字化，它需要即时地完善认知的特点，并对其进行有效的管理，另一层是通过数字化的手段，将一切进行有效整合，从而形成最为优化的体验管理体系。

2020年，非同一般的重大经济体系变革年。一场突如其来的疫情改变

了整个传统数字化企业的营销运营模式，间接加快了其数字化转型的运营节奏。健康码、移动办公、在线会议、远程协同、智能化控制、在线教育、线上管理等等，纷纷涌现出来。大数据的有效应用在疫情期间对人们的生产生活，乃至整个社会健康运作起到了至关重要的核心作用。

在2020年"新基建"成为一个备受大众关注的热点词汇。新基建以5G、人工智能、万物互联、大数据中心等为代表的基础设施为核心，为提升全社会的运营效率打下了坚实的基础。新技术的兴起，使得整个商业社会对数字化的转型有了迫切的期待。

数字化基础的完善、数字化应用的丰富内涵为整个消费体系带来了截然不同的消费体验，同时也向整个企业提出了一个崭新的发展命题，那就是如何切实有效地进行数字化时代的体验管理。

体验就是直观感受，而想要让这种体验完美化、真实化，就需要我们把握消费群体的脉搏，对他们的感受以及预期的体验效果进行有效管理。正如著名管理学大师彼得·德鲁克曾经说过："你如果无法度量它，就无法管理它。"管理的基础是度量，而度量的本质是管理。究竟真实的感受应该在一个怎样刚刚好的距离和火候，应该怎样有效地整合当下运营的管理体验模式？除了数字化时代大数据的精准分析，企业在经营自身品牌运营的过程中，也应该要以科学、合理、符合时代特点的核心价值观为自己的产品定制一把最为合适的"尺子"。

在过往的历史阶段，业界普遍采用的产品体验度量标准，无外乎三点：效率性、有效性以及消费群体的满意度。这三点直接作用于用户的感官，促成了他们对产品的评价和选择，但随着体验的深入，这个体验度量的测评模式，也在悄然发生变化，企业将产品、消费群体的用户经营与自己内部经营的各个部门紧密地连接在了一起，除了文化的打造以外，更注重于用户的服务价值和管理经营价值，从固有单一的产品体验，延展到了更为深入的服务体验；从关注用户使用的扩展内容，直接深入到了每一个精准用户的生命周期，而最终用户也不仅仅是单一的用户，而是整个企业运营模式中的一个组成部分。不论是企业外部的用户，还是企业内部的员工，乃至整个企业的精神文化运营和物质经济理念，一切的一切都包含在了整个系统范围里。

由此看来，单纯的可用性已经远远满足不了企业对于体验度量的需求，而根据实际业务的需要，构建从缺陷质量到运营绩效再到整个用户的感知，整个过程中都包含着不同维度、不同层次的体验价值和逻辑体系。这种体系可以有效地作用于日趋完善的直观体验系统，成为一把更为精准的尺子，在大数据的度量演算中得到最为真实鲜活的呈现。

那么究竟怎样更好地优化数字化体验流程的运营和管理呢？无外乎两点，一点就是优化数字化体验的核心管理步骤，另一点就是通过智能科技和大数据支持手段来完善好自身企业的创新应用模式。

一、数字化体验管理中的四个关键步骤

数字化体验体系的打造，除了能够更好地优化受众群体对品牌产品的认同和评价，更重要的核心部分在于它能够将一切进行有机地管理，从而建立切实有效的数字化平台，打造一流的体验数字化管理体系，形成闭环，造成新时代数字化企业转型步骤中的迭代效应。

1. 构建

正所谓万丈高楼平地起，数据化的支持，将让我们直观地看到用户的心理需求和物性需求，这些需求会形成下一步的数字化营销运营模式，结合用户的价值取向以及体验期待来配合最有效的体验管理，将精准的模式匹配精准的体验，最终锻造出的将是精准的用户经营管理系统。当体验深入人心，当人心产生认同，后续的营销渠道、战略才能有计划地逐步推

行，倘若这个时候构建的"地基"出现问题，对于用户的基础把握不够牢靠，那么后续的一切努力都很有可能会付诸东流。

2. 度量

什么才是刚刚好的体验？这种感觉就好像夏天的时候不需要棉大衣，冬天的时候不需要短袖汗衫，过冷过热都是不好的，唯有将度量控制在刚刚好的段位，就体验感而言才是最美好、最舒适的。那么究竟怎样把握好刚刚好的火候呢？在传统营销模式中，直觉性营销是很多企业品牌经营者的惯用模式，但一味凭借感性，真正作用于市场的时候，未必能够达到精准。但是在大数据时代，凭借直观的数据呈现，便可以理性地分析市场，将体验的度量准确地拿捏稳当，经过精准的数据分析，智能化系统通过科技的手段形成相应的数据支持，凭借可靠的数据资料，企业就可以精准地进行下一步的营销战略，最终形成最为完备的体验度量衡，将这一真实的标准作用于产品，锁定消费受众群体，全方位地把握市场需求和市场体系中最受人青睐和关注的营销模式。

3. 洞察

数字化营销体验的核心在于企业可以通过大数据的支持，对消费者的需求以及消费者对于体验的满意度量进行一个有效把握，这是一个洞察的过程，也是一个细致微调和逐步实践的过程。在这个阶段，企业会下意识地对产品投放市场的销售状况和用户的体验反馈进行跟进式的追踪调查，同时最大限度地优化后期的产品生产，以及下一步的营销渠道延伸。当然最核心的内容依然在如何有效地经营用户体系上，而卓有成效的洞察用户对体验的反馈，不但能够快速地洞察产品及其品牌在用户使用范围中的作用力和影响力，还可以更为深入地把握产品体验的价值取向，最终形成一套更为系统的数字化体验方案。

4. 行动

有了充分的准备，就要依靠战略落实到行动，而就企业的行动而言，其核心就是把所有的洞察结果无缝地传给企业的产品、销售、市场、客服等一系列的部门，随后伴随着文化内容、体制内容的输出，将自身的产品和体验数字化营销理念，落实到整个企业乃至匹配营销渠道内的每一个岗位，并以此形成跨部门、跨岗位的协同工作，不断地将体验深入概念，有效地优化用户，形成有效的体验管理和敏捷的迭代闭环效应。

二、数字化体验管理"创新应用"的五项核心

当体验深入数字的时候，其所产生的数据表现就会伴随着理性，绽放出无穷的生机，每一个数字都是鲜活的价值体现。当企业的数据通过数字化的管理流程，被统一管理运用起来的时候，其运营以及运营的产品体验就会逐步优化，并有效地作用于市场，形成绝佳的体验式数字化营销体系。而在整个优化的过程中，其最为核心的五个步骤就是呈现、分析、研究、探索和创新，下面就让我们根据这核心的五个步骤依次来进行诠释和分析：

1. 数据呈现

通过数据化的呈现，来准确把握市场，了解消费群体的需求，了解体验过程中的真实反馈，对数据体系进行全方位管理，从而有效地监测问题所在，及时查验症结，避免市场营销过程中的弊端和损失。

2. 数据分析

通过数据化的分析，了解发展机遇、内核品牌运营战略中的核心战斗力，从而扬长避短，最大限度地占据市场优势，切实有效地推行自身的体验数字化营销战略。

3. 定量研究

这是对于体验定量的一个研究测评,通过数据呈现,分析出用户最为满意的消费体验、产品价值和整体消费历程的过程表现,从而锁定问题,将所有的问题落实于需求,进而逐步升级,优化整个体验营销流程中的优先级。

4. 定性探索

对消费者的消费体验有了准确的把握,下一步就是以大数据为依托,对一切深入探索,从而针对需求的取向、产品的营销渠道,进行进一步挖掘,需求变为契机,探索新的经营模式和体验驱动力。

5. 优化创新

有了探索,就要在探索中创新。此时的体验,需要一种诠释方式,而产品也需要一种更好的营销模式以便在市场受众群体中进行推广。基于客观的产品运营数据及主观用户反馈的数据来分析,广告驱动运营及产品的体验优化,在互联网创新形式下,都将成为整体体验模式中最精妙的一笔。

这是一个新兴的时代,也是一个从感性跨越到理性的时代。它所遵循的内容以用户为核心,源源不断地创造产品以及产品以外的内容和体验。这是一个创新的过程,也是一个推动企业数字化转型的过程,它所遵循的内容一定是以数据为驱动,以洞察为支撑,以体验的手段为核心的战略思想,而就其本质而言,所有一切的努力都将最终回归到"为用户创造更好价值"的原点。这是整个好体验、好商业的价值核心,唯有让用户真正体验到使用的价值,唯有产品品牌效应源源不断地作用于用户的内心,才能最终形成一个无形的网络聚点,将进一步的数字化营销战略落实精准,落到实处。

藏在数字化营销体验中的 5S 原则

体验是直观的，它直接作用于我们的内心，它的营销方式针对的是用户，而不仅仅是针对产品，就此，人们开始对最适合自己的体验采取了推崇的态度，秉持着自己满意到家的原则，对自己所要消费的产品做出选择。而就选择而言，任何产品让用户下定决心的时间也不过几秒钟，而眼看着同类产品那么多，可以选择的范围那么多，这么多的选项，倘若不能从体验出发，倘若不能够让消费的过程快乐愉悦，用户为何偏偏选择你呢？这就好比在一片红通通的苹果园里，所有的苹果色泽都那么诱人，但你只能选择一个。尽管这是一个概率问题，但同时也存在着先入为主的效应，因为这个效应实在是太直接了，顷刻间你就必须对你所选择的内容一见倾心。所以在这个过程中体验是所有价值流程中最为核心宝贵的部分，它作用于产品，也作用于消费者的内心，因为它遵循着相应的原则，所以在原则的规范作用下，总是有一些特殊的元素在这个庞大的、智能型的数字化营销体系中占据核心地位，起着至关重要的积极作用。

那么它们究竟是什么呢？这些元素所能迸发的能量究竟是怎样的呢？从理论上来说实体世界里的体验是人与人之间的交互和环境感知之间的同频共振，一切以互动同频过程中的内容核心作为营销体系的度量单位，随着自助式实体世界的体验标杆，这些内容从迪士尼乐园所打造的营销体系中就能清晰地看出端倪。

每年数以万计的游客进入到迪士尼乐园的童话世界，并在这里留下美好的时光，整个氛围充满了欢歌笑语，以至于多年以后，回眸往事，这依然是一段难以割舍的美好回忆。迪士尼乐园的初心就是能够让人们真实体验到每一个人都是平等的，每一个人都是他们所欢迎的，每一个人都应该在童话世界里拥有一段美好时光，每个人都应该在迪士尼乐园里找到一抹童趣，绽放天真的笑容。就这样迪士尼公司为此构建了一系列理念和方法来实现对游客的体验承诺。而这个体验的核心体验原则共五个方面：印象、连接、态度、回应、非凡。这大原则作用于体验式营销本身，成为五大核心支柱，成为迪士尼体验理念的核心，经过系统地验证和总结，他们将这五个原则称作ICARE原则：

1. 印象（Impression）

直接作用于游客心理，而其内驱力直达服务主题，凝聚成一股强大的吸引力。每当人们想起迪士尼，就会想起白雪公主、睡美人，想起那些让他们喜爱的杰作，最终直接致力于感受，秉持身心一致的原则，成为其企业品牌运营中最为核心的、真实的印象。

2. 连接（Connection）

有了印象就要进一步与用户进行连接，这种需求式的连接，也是价值的连接。它随时给予用户个性化的关怀，源源不断地传递着自身的品牌文化，在知识的互动和氛围的交流下，形成最贴合于用户的气息感受。所有的员工秉持着尊重信任原则，让用户在身临其境的感受中与迪士尼形成更为完美的连接关系。

3. 态度（Attitude）

除了连接以外，下一步就是要让用户感觉到自己身处迪士尼浪漫的童话世界中。迪士尼品牌对于自己品牌价值、品牌内容的真诚态度，蕴含在无声无息的乐园气氛当中，让所有游客在选择和期待中，拥有了最美好的时光，营造出最为乐观的气氛。这是一个精神主导的过程，引导用户在整个游园中的体验。

4. 回应（Response）

就回应来说，迪士尼可谓是注重游客的典范。这是一种营销模式运营后的反馈，直接作用于消费群体，让游客觉得有了一个无形的承诺，源源不断地完善自身的应急措施，优化用户服务的流程，并针对发现的问题，及时实施有针对性的补救措施。

5. 非凡（Exceptional）

说到非凡，其核心价值就是自己品牌的特别之处，而之所以是特别，是因为其创造性创造。非凡的体验离不开非凡的内容、非凡的热情和非凡的创意能力。无论是作用于文化体系、效率体系，还是团队合作精神，发挥自己的特长，便能够顺势打造出特有的品牌氛围，以至于你每当提起它的时候，就会自信地感受到一种超然的享受，这种韵味着实不同。因为作用于体验，体验所锻造的内容价值和品牌价值也与其他的品牌体验机制是完全不一样的。

每个人基于不同的亲身经历和感知的体验，源源不断地提升着自我认同的价值。在数字化的环境之下，用户对交互的响应速度变得更加敏感了。大家迫切地想用一种简单的、便捷的方式来获得自己满意的产品和服务项目，这种体验的过程是连续的，而且我们希望这种体验能够具备时代感、潮流感、时尚感，如若是这样，用户的身份已经不再仅仅是被动体验者，而是体验的创造者。用户迫切地想通过自己的努力来达到更好的生活状态、更高的生活质量和令自己满意的内在需求。针对这个问题，史雁军在《数字化客户管理——数据智能时代如何洞察、连接、转化和赢得价值客户》一书中，提出了数字化体验的5S原则：分别是速度（Speed）、简单（Simple）、无缝（Seamless）、智慧（Smart）、惊喜（Surprise）。

一、速度（服务）

当下是一个讲求快节奏的时代，效率至上，是整个数字化营销时代的定性原则，移动互联网的便捷带给了人们更为多元化的选择，在激烈的浪潮中，用户迫切地想要快速寻觅到自己想要的东西，却没有足够的耐心。他们想拥有最好的，但同时也不想花费太多的时间，所以一旦念头一起，就会因自己的需求兴奋并即刻打开手机，想要与"它"相遇。正因为这个原因，产品品牌体验建设首先要在速度和效率上多做文章。

二、简单（人性化）

这是一个崇尚个性的时代，也是一个崇尚自我的时代，以至于很多年轻的消费者面对自我以及自我消费的时候，时不时就会喊出口号："我就是我，我有我的自由，就这么简单，不爱就是不爱。"因为这个选择力的需求实在太简单了，仅仅是要与不要么简单，于是面对复杂的经营模式和营销体系的时候，他们会主动选择回避，甚至这种否定没有什么原因和理由，就是一句简单的"NO"而已，同理，其真正心仪某个产品，常常也是没有理由的，一句"我喜欢"，后续一系列的体验感，都成为顺势接受的方式，宛若一切都赏心悦目，一切都无可挑剔。这就是一种个性化的体现，基于每个人的个性化需求，产品体验的营销模式也需要有张有弛地量身定制，这会让用户产生一种贵宾式的优越感，一旦这种优越感成立，那么后续的营销体系策略将会有条不紊实行下去。不难看出，对于用户的体验感知来说，产品和服务的交付方式、交互过程与产品和服务同样重要。

三、无缝（连续性作用）

在数字化时代，技术应用改变了传统的商业环境、企业与用户之间的连接方式和连接渠道，正在向着多维方向不断延展，数字化体验场景也不断激增，但许多企业仍然要以各自为政的方式在自己的领域中继续行走。数字化用户的体验研究数据证明，当下的数字化环境下企业所面临的关键性挑战是如何在全渠道的环境下，向用户传递、无缝的连续性体验。连续性体验作用于感受，也作用于产品；它作用于品牌，也作用于渠道；它是一种跨区域的渠道运营体验，与领域相合，在跨越的过程中诠释着鲜明的连续性和一致性。

四、智慧（贴近时代脉搏）

数字化技术在创造与众不同的非凡体验的过程中为后续的发展提供了无限的可能。这是一种能力的诠释，也是一种智慧的表达。它更贴近于时代，也更贴近于消费群体的需求。世间最为真诚的智慧就在于，你可以源源不断地为对方提供他们想要的东西。产品的受众群体也是如此，他们渴望通过购买消费赢得最大化的价值，而潮流的引领、数字化现代营销模式的背景支持，核心目的都是为了帮助他们打造最为完美的消费体验，这就是营销体系中的核心智慧所在，因为锁定了脉搏，更为贴近时代，所以这一体验价值变得更丰润、更美好，以至于更贴近数字化营销体系的运营需求了。

五、惊喜（超越产品和服务的价值取向）

所谓的惊喜就是超出了产品范围和服务范围，在消费群体的意料之外实现了一种精神愉悦的消费体验。在数字化时代的今天，世界每天都在快速地变化着，数字化用户所心仪的核心内容就是新鲜感和趣味感，千篇一律的产品还有产品介绍已经不能满足他们的消费需求和消费体验。伴随着时代的演变，从需求转变到消费转变，从理念转变到心理转变，一系列的数据都在不断证明一个事实，那就是消费群体的购物取向已经不再存续于需要，更多的内容源自基础需求以外的精神价值和个性价值。

由此可见，就数字化世界而言，用户的体验需求已经成为当下数字化品牌营销体系中最为核心的部分。有体验，就有服务；有服务就有连接，有连接就会有同频的共情和陪伴，这是一个重要的前提基础。而越是富有个性，越是成就非凡，就越是能够超越用户本有的期待，带给他们想象之外更高标准的购物愉悦感和体验感。这样不但能够让用户拥有更多，同时还可以更好地提升自身的品牌效力，最终兑现需求、兑现价值、兑现品牌承诺，在消费群体中形成信仰，赢得他们的维护，取得他们的信任。这样超强的影响力就这样潜移默化地作用于环境，作用于环境里的每一个人。最终就连我们自己都不敢相信，原来手中的这一个小小的物件，竟然有这么强大的影响力。它就这样作用于我们的精神世界，成为生命中不可脱离的部分，影响我们脉搏的跳动，并在跳动的共振中，帮助我们找到了更完美的自己。

创造需求，最重要的是提升用户思维

机会不等人，聪明的人会源源不断地创造机会。就市场营销而言，用户的需求就是企业的核心，这个机会是需要我们用新型的营销体系加以提炼的，当意识的创造不断提升维次，需求的驱动力将成为价值的呈现，并在市场中得到最好的验证。

当下用户的注意力已经成为一种稀缺资源，过去的企业竞争优势很可能是价值——产品的品质、品牌的诉求，但现在却衍生成了数字化时代的用户经营、服务经营和渠道经营，而这一系列经营的核心，就是高端的体验和体验后不断调整的用户反馈，这才是当下产品竞争力的核心体验，市场营销逻辑从以往的产品导向转向了以消费者为中心，从最基础的消费需求、消费利益、消费价值出发，通过产品或服务的持续创新，充分满足了消费者的内在诉求，为广大用户提供了更多更好的体验服务。由此，市场营销管理的中心，从专注业务量的增长，转变为了注重业务质量服务的管理，营销的目标也从单纯的降本提效转变成为一种更专注于业务拓展和消费者忠诚度的物性需求和精神需求。

在日常的生活中，人们总会有各种各样的产品或服务需求，而这些需求，很可能会随着整体社会经济水平的提高和发展而不断地丰盈起来，我们要针对它们不同层次的消费水平、社会地位，订立出行之有效的营销战略。而从需求的动机来看，消费者的产品需求已经和过去的需求产生了极大的差异，他们对消费的选择更为自主，对消费的体验要求更高。

众所周知，根据社会心理学马斯洛的需求层次理论，其需求的内容可划分为从低到高的不同层级的需求层次。因此，人们的欲望是很难真正意义上得到百分百的满足的，解决了低层次的物质需求，高层次的精神性、享受性需求就会源源不断地涌现出来。这也意味着我们必须不断适应消费者需求，最大限度地满足消费者的需要，将自己的理念渗透给消费者，最终成为他们青睐的潮流形式、内容形式和行动模式。而在上述的需求满足过程中，消费选择方向、行为模式和购买结果也常常顺势作用于市场，成为供求关系的主流。因此，消费者需求的深挖与把控就成了市场营销体系中最为核心的问题。调查、分析、判断消费者需求才是真正制定合理消费策略，深化开展市场营销活动的重要前提。

从消费者的心理层次来看，2019年，中国人均GDP超过了近一万美元的大关。从1978年的美国，到20世纪80年代末90年代初的亚洲四小龙，通常当人均GDP达到这个重要关口的时候，消费者价值观因此而发生着裂变效应，它会更加注重商品的外在价值，也会更加注重商品给整个生活带来的改变。它是一个更加注重自我表达的状态呈现，而其主流趋势，已经从原来的物质主义时期过度到了精神维次，乃至于整体的购物消费理念、消费思维都在不同维度的提升中升华转变。它很可能是一种颠覆，也可能是一种我们想都想不到的超体验、超服务形式，在这个不断认知和创造的过程中，数字化的营销体系变革正悄无声息地渗透所有的物性世界和精神世界，成为一种趋势、主流，一点点地取代传统，一步步地走向未来。

举例来说，针对当下的汽车行业，市场分析服务商君迪中国区数字化用户体验副总裁任洪艳抽丝剥茧地解读了中国汽车消费群体在体验、用车、维保和置换阶段的数字化体验需求：

在过去，汽车企业按照传统的五年或十年规划，制定出了产品的类型参照图谱，基于产品定位和强而有力的大数据支持，去建设线上和线下的传播策略。当用户接收到产品信息以后，它们会主动查询车辆配置的价格，联系预约试驾，这是一个传统制造—传播—销售的模式设计，而这个设计从基础理论来说，最核心的内容就是大数据的合力支持。

在数字化和智能化技术发展的今天，硬件、软件和服务的需要，正在逐步加速产品的迭代升级，汽车企业的多维度服务，正在以线上运营的方式取代线下的多种服务和消费渠道，用户因此得到了便利，随之而来的需求建设也趋于高标准、个性化，人们开始更青睐量身定制的服务项目体系，于是，洞察用户需求成了整个汽车行业体系中企业迫切想要赢得市场的核心关键。

在过去的三年中，汽车行业营销体系不断地深入调研，不断地深化总结了用户在购车和用车方面的变化需求，结果发现，与传统的用户体验不同的是，数字化时代的用户更加注重以下几个方面的核心需求：

1. 自我内在需求

所谓的内在需求，一定是自己真实需要，现在越来越多的用户以买车的形式奖励自己，将这一举动看作是提升自我生活品质的行为方式。2017年，中国新车购买意向研究的相关数据显示，当下提升生活品质为首的购车因素的用户占整体购车用户比重的43%，而该数据到2019年已经提升成了64%，这样的消费思维概念的提升，无疑是企业商家在数字化营销体系中的重大商业契机。

2. 个性化需求

追逐个性是当下众多用户消费体验中最为崇尚的核心。在他们看来，消费意味着价值与自我价值的呈现，他们迫切地希望自己在购买的过程中能够体现出自我个性的彰显和呈现，也希望产品的营销体系能够真实地匹配自己真实的需求，在多样化的配置选择中，让自己拥有那个最适合自己、最让自己满意的消费和体验。而从数据来看，对配置多样化的需求，从2017年的20%上升到了2019年的34%。这样的数据呈现可以说明，当下个性需求在消费体验反馈中具有多么重要的价值和地位。

3. 金融服务需求

完善了自己内在的需求价值、精神维次，下一步要做的就是优化自己的物性需求，而这种真实购物选择，是与自身的经济承受力息息相关的，曾经有人说："梦想很丰满，现实很骨感。"所谓的骨感，往往是因为经济基础决定了上层建筑，因此，如何最大限度拥有自己理想的产品，同时又有一种可以缓解自身经济压力的金融服务体系，成了当下购车一族消费网络中最为实质的需求内容。该群体从2017年的33%提升到了2019年的49%，由此可见，人们对于金融服务的需求将会成为后续消费体系中最为核心的驱动价值所在。

4. 汽车智能化需求

既然决定购买一辆车，那么这辆车能够给我们带来的体验价值究竟有多大呢？汽车的创造起初就是一个代步工具，通过简单的操作就能达成目标，带我们去最想去的地方。所以在这个新兴的数字化智能时代，谁能在这个物性空间中为消费者提供更为智能化、更为方便简易的需求配置，谁就能顺势锁定市场，拥有更多的消费社群和品牌拥护者。从数据上看当下无论是从自动泊车、夜视系统、盲区监测，以及车联网功能的需求，都有很大幅度的上升，车联网的需求上升幅度甚至达到了40%。

5. 更注重体验和口碑

在这个车辆众多的信息获取渠道中，谁能兑现给用户真正意义上的愉悦的消费体验和产品应用体验，谁就能最大限度地赢得用户的良好口碑。而就后续的购买消费社群选择趋向而言，前期用户的体验评价和口碑评价往往是他们做出自我购买选择的第一手考量资料，可见消费社群对于体验和口碑的重视关注有多大。从数据上看，当下消费群体对体验和口碑的重视程度在不断地攀升。

由此看来，数字化时代下的营销已经远远不是传统意义上的营销了，它更多关注的是产品对于生活的意义，深化的是智能科技所带来的效率提升，这也就是为什么当下的消费群体这么重视产品的体验过程和口碑评价。从新时代智能科技体系下汽车消费营销战略内容的数据测评来看，在数字化全生命周期的用户体验以及其中体验的各个环节中，用户的行为表现以及消费的选择，都在源源不断地发生裂变。这是一种渠道的颠覆，也是一种选择的颠覆，它直接作用于消费，而消费者的用户思维也在源源不断地作用于产品。这是双轨道的驱动力建设，产品作用人心，而人心产生思维，思维优化了体验，而体验构成了消费，消费成了行动也成了品牌价值的直接体现。这在大数据时代作用于产品品牌的今天，无疑是最不可忽视的部分，想要创造消费，首先要从打造优质匹配的用户思维开始。

Part ③ 营销篇：如何提升用户转化率

第六章

自媒体营销：
企业如何借助数字化建立自有流量池

数字化营销 | SHUZIHUA YINGXIAO

是媒体意识，还是全民意识

以前我们心中的媒体，是高高在上遥不可及的，企业要想在媒体上打广告，宣传自己的产品，需要支付高昂的费用。而如今的媒体概念，早就超越了品类的限制，我们每个人都可以成为其中的一分子，这就是自媒体的魅力所在，那么究竟什么是自媒体呢？它主要是通过互联网的形式，对外展示他们自身的一些观点以及生活方式，是一种比较私人化和平民化的传播手段，主要是基于电子化和信息化技术的发展演化而来，随着时代的发展，这种自媒体的形式可以是规范性的和不规范性的，它们共同组成了新媒体。

因为有了各种平台的出现，自媒体发展的速度超过了以往任何传统媒体，不管是企业或者是个人，因为有了自媒体的依托，整体营销也就变得更加多元化和复杂化，对内容的要求也变得越来越高。不过也正是因为这份多元化，使得人们对内容更加关注，这也无形当中为企业注入相应的能量，而这种能量可能比以往单纯地在传统媒体平台上进行广告投放的效果更为显著。为了进一步了解自媒体的相关情况，我们有必要事先了解一下自媒体的特征。

一、多样化和平民化

自媒体的出现，使得每个人都有可能成为话语权的拥有者和发言者，使得信息的覆盖面更加广泛，每个人都可以针对身边发生的事情做新闻相关的报道和产出。不管是个人、企业或者是传统媒体进行自媒体的营销，在内容和形式上都比传统模式更接地气，更能反映社会的实际生活，也就更能获得受众的认可和认同。

就企业自媒体来说，从原来单一的传统平台的宣传，到如今的全媒体营销，企业可以根据自身产品或者是服务的定位，来选择精准有效地投放，要付出的成本比之前来说少了很多。此外，还有可能获得更为精准的流量，得到用户的反馈也比之前来得更为积极。这种新型的营销模式可以很快地直达用户，让人产生本能意识中的青睐之意。

二、迅速和高效

自媒体发布的时间很迅速。

当我们身边发生新闻时，可以立即通过自媒体平台将它发布出去，这也是为何如今各大短视频平台不断出现和受到热烈追捧的原因，这也大大提高了媒体的高效性。如果在web2.0的时代，我们还是以图文为主产生自媒体内容的话，在互联网发展的当下，已经完全通过全媒体的综合利用形式，产出自媒体的各项内容，除了发布相关的信息之外，个人门户还可以进行个性化聚合功能的设置，并且能够精准和及时地获取相关的信息，构成一条双向信息通道，大大提高了原来获取信息和发布信息的效率。

三、成本低，交互性强

自媒体时代的到来，使得人人都可能成为话语权的所有者，除去了时间和空间上的限制，信息可以快速地进行传播，已经完全改变了传统的面对面传播模式。以往的营销活动，往往声势浩大，通常需要聘请专业的营销团队。而如今的自媒体营销，组成人员不固定，有的时候可能一个人就能将一场营销活动完成，自媒体营销的成本大大降低了，并且还丰富了营销活动的内容。

大家在经营自媒体的时候，更加要注重同用户的联系。自媒体的高效，使得人们可以在第一时间掌握信息之后就发布出去，受众在得到相应的信息传达之后，可以通过自媒体平台立即同内容创作者互动，这样的互动也提升了受众对产品的黏度。自媒体时代，自媒体和受众之间的距离为零，其强大的交互性是其他传统媒介没有办法比拟的。

自媒体的产生，将话语权赋予了大众，每一个人都可能成为新闻的发现以及发布者，或者是成为营销活动的操纵者。只不过当下的自媒体平台非常的繁多，比如微信、微博、抖音等等，随着自媒体平台的发展，各个自媒体又有自身独有的特色，例如在微信等自媒体平台上，多采用图文的形式；在各个短视频平台上，多采用视频的形式。自媒体营销策略已经成为众多企业制定全媒体营销的必要组成部分。

自媒体营销不仅对企业很有利，对个人来说也是非常有益处的。对于个人来说，通过自媒体的营销和打造，不仅可以树立自我形象，构建粉丝团体，提高个人的知名度，还有可能从中获得更多的收益，得到更多广告投资者的青睐。对于企业来说，自媒体营销已然成了企业中一个重要的部门构成，它不仅可以进行企业知名度的提高，而且有助于宣传和推广企业的产品和企业文化，使得更多的用户深入了解企业以及企业所经营的产品，用户的黏性会更加大。

综上所述，自媒体已经很大程度上融入了我们整个社会，在物质和精神世界中不断地产生融合，而且覆盖的群体还在不断地扩大。因为，企业通过自媒体平台，除了可以精准地获得用户相关的经济支出费用之外，还可以通过数据展示，具体分析大众的偏好需求、受众画像等等，可以通过对用户的研究，完善企业之后的产品研发和营销战略体系的搭建。在这样的循环往复之中，不断地提升企业的竞争实力。

垂直领域自媒体矩阵的运营策略

互联网得到了迅速的发展，据我国互联网网络信息中心（CNNIC）第44次CNNIC数据调查显示，截至2019年6月，我国的网民的规模已经达到了8.54亿之多。同时，新增的网民数量达到了2598万，互联网普及率已经超过了半数，达到了61.2%，与2018年相比较来说，提升了1.6%，详见图6-1所示。

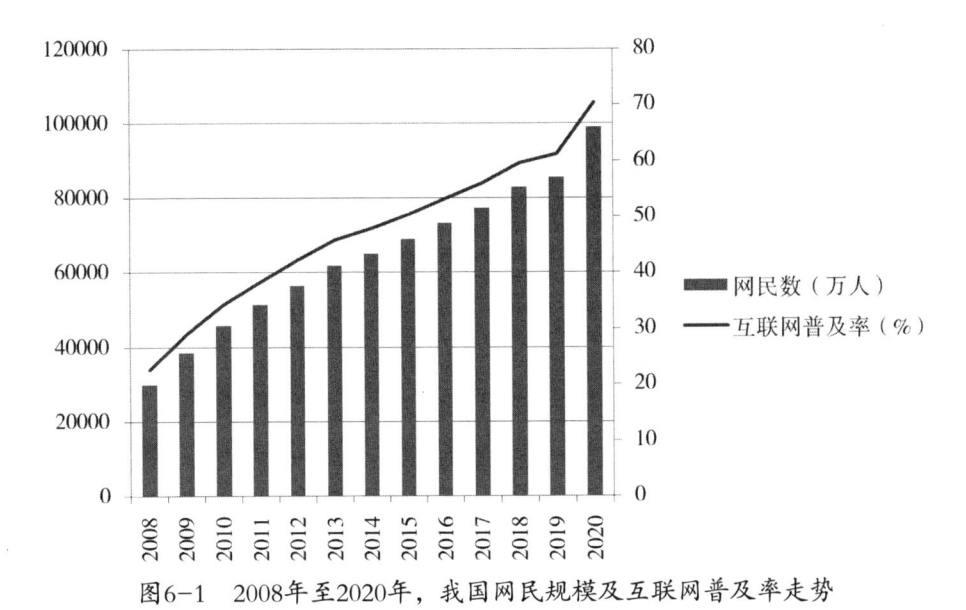

图6-1　2008年至2020年，我国网民规模及互联网普及率走势

在所调查的数据当中，其中手机互联网用户达到了8.47亿，手机用户的数量相对于2018年底来说，新增了2984万，网民中使用手机上网的比例由2018年的98.6%达到了2019年的99.1%，手机已经成为如今网民们最喜欢使用的上网渠道和工具，详见图6-2所示。

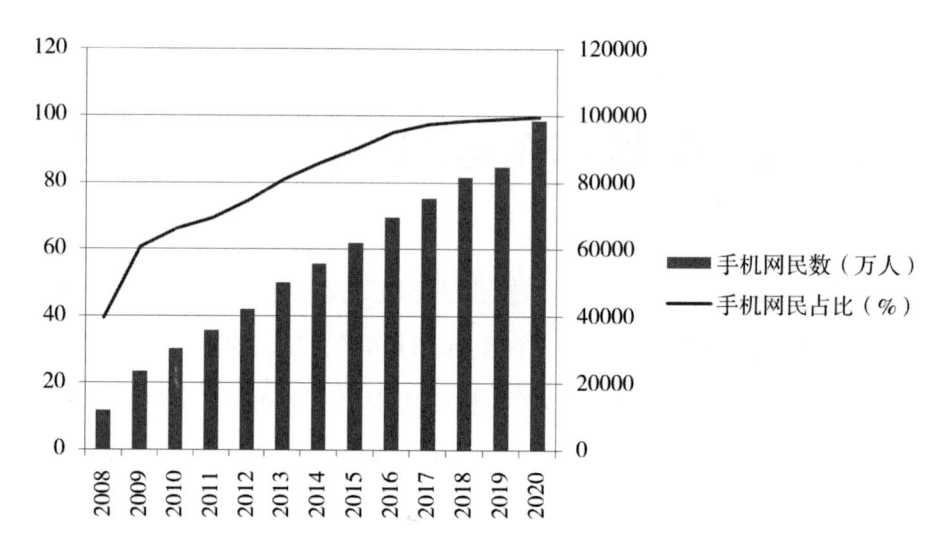

图6-2　2008年至2020年，我国手机网民规模及占比走势

从上述的资料统计分析，可以得出几个方面的结论：一是我国网民人数正在飞速增长，二是在这快速增长的网民当中，手机网民是主流趋势，这在一定程度上可以显示出我国自媒体用户的发展与日俱增，自媒体时代的大范围扩张已然成了未来互联网行业发展的趋势。互联网的发展使得人人都可以成为自媒体当中的一员。

不同的运营方式会得到不同的传播效果，只有在构建自媒体之前有明确的目标，才能够将自媒体运营得好。倘若是一个公司来创办自媒体，那就更加应该有明确的目标，在实际内容的规划和营销当中，需要运用针对性的手法，面对目标用户群体去操作。比如说当我们作为一个企业去设计企业有关的公众号和微博等等自媒体内容的时候,首先在名称的选取上,要同企业的简介和企业的产品相互关联;名字只是企业在进行自媒体账号搭建的时候所做的第一步,企业在运营自媒体的时候,在内容的选择、规划、粉丝的画像选择等等方面都需要具有具体的方向,在具体的规划之下搭建起来的自媒体才有可能成为有效运营的良好自媒体账号。

明确目的就相当于对自媒体账号进行定位,定位之后还需要制定运营规划。运营规划指的是运营自媒体数量的多少,也就是说,当我们决定运营自媒体账号的时候,是选择一个平台的自媒体呢,还是运营多个平台的自媒体。此外,运营自媒体平台的具体步骤分为哪几个阶段等等方面。这不光是一个定位目的的完成和目标运作实现的过程,更体现的是一个营销体系不断调整完全的过程。比如说,"十点读书"是一个很有温度的读书品牌,在十点这个时间段之前,每个人会做不一样的事情,而十点读书规定了一个时间段把大家汇集起来,使得大家习以为常并形成习惯,十点开始读书,包括图文上的阅读以及语音方面的朗读,可以说是提升自我的一个非常好的营销工具。之后,"十点读书"基于最初的产品,不断衍生开来,产生了很多附加产品,成了国内激发人积极向上进行学习活动的营销范例。

互联网时代的发展推动数字营销,在数字营销的作用之下,"十点读书"这一互联网产品应运而生。可以说,互联网直接导致了很多新型产品的产生,互联网的出现催生了自媒体的出现,并且这个风头甚至超过了原来互联网发展的热度。"十点读书"最初是由一帮"85后"的文艺青年创办的,如今已经衍生开来很多个子账户,比如"十点电影""十点读书会"等等细分领域。

当卖方市场同买方市场发生地位转化的时候,也就是供过于求之后会出现营销。在自媒体数字化时代,如何针对自身的实际情况进行营销体系的推广，是一个值得研究的问题。也就是说，在数字化营销当中，如何处理好营销同用户、营销和推广体系之间的关系，构建起一个领域的矩阵模式，将这个模式良好地运行下去，把握矩阵发展规律，就可以将这一自媒体账号所代表的价值发挥出来，从而获得不小的收益，把实际价值变现。我们可以按照自媒体发展的逻辑，结合营销当中的关键要素，对自媒体数字化营销做相关的分析。

一、内容是王道

互联网产品的发展离不开内容的展现，尽管互联网发展催生众多新兴事物，然而产品的内容价值，才是自媒体账号能否走得更远的最终决定因素。

在自媒体进行创作的时候，内容是王道。内容的设置离不开一个关键性的目标，那就是你的自媒体账号有没有解决用户某一个方面的痛点，例如"十点读书"，这个自媒体账号解决的就是用户读书方面的痛点。此外，在布置自媒体矩阵的时候，要考虑到子账号是否与主账号有相互关联的地方，要在主账号的大方向范围之下去做子账号的领域细分，而不是有较大的方向上的出入。比如"十点读书"这个账号，当下账号已经超过了几百万的粉丝，它涵盖了很多各方面的分账号，包括电影、旅游、女性、亲子、动漫等等。

二、互动是关键性因素

互联网产品能够得到发展，很大程度上离不开它的互动功能，这也是为何互联网产品能够突破传统媒介的约束，迅速得到发展的原因。互动可以拉近用户和企业之间的距离，使得用户突破了时间和空间上的限制，能够运用互联网随时进行沟通交流，打破了传统上的约束。比如，"十点读书"之所以能够脱颖而出，也离不开他们在打造自媒体矩阵的时候，对互动功能方面的重视。在微信公众号上面做了一年之后，"十点读书"利用腾讯推出的"微社区"这一新产品，将它放在"十点读书"公众号的菜单里，使得十点读书的粉丝可以通过微社区进行发帖评论和互动。在产品的更新换代之后，"十点读书"运营者们在公众号里又放入了"兴趣部落"这一个环节，给广大的用户读者提供了交流互动的空间，给"十点读书"带来了十分大的粉丝量增长。

实际上，当腾讯刚开始推出微社区的时候，许多的公众号都有针对这个产品进行菜单的开设，只不过很多自媒体运营者没有对此进行具体规划和打理。而自媒体的互动离不开运营者的管理，比如微社区当中，运营团队能否及时清理帖子、能否对社区里的内容和话题进行有效引导与互动等等，都是决定"十点读书"这一个互联网产品能否运营良好的重要因素。

所以，尽管自媒体很流行，但是不代表我们随意地进行内容的发放就可以简单地达到营销的目的，在各大自媒体账号运营良好的背后，需要付出很多方面的努力，如果只是简单重复地对用户进行"推送"的动作，那么用户同账号就没有情感方面的联系，这个感觉就类似于在大街上对行人发放广告，没有感情，甚至是在接到单子之后还会被丢弃。因此，增加互动性，是运营自媒体账号一个重要的方向，增加互动性，不仅可以增加用户的黏性，还可以使得自己的目标粉丝群体更加稳定。

自媒体账号能够做起来，无外乎是要留住目标用户，让用户对自己所运营的产品产生依赖之感，并且形成一种类似于朋友之间的忠诚的互动交流状态。用户黏性已经成为自媒体运营是否得当的重要参考依据。只有让用户关注并且天天惦记着我们，甚至是迫不及待地等待着我们在自媒体账号上面发布相关的文章或者是视频内容，才能有效地把握住用户的需求心理，在自媒体账号的打造中创造更多的价值，积累更多的粉丝数量。长此以往，我们的目标粉丝群会更加稳定。

什么才是大数据时代的精准自媒体营销

移动互联网的快速发展，也带来了相应的数据分析。不管是个人还是企业，在进行自媒体账号运营之时，都可以根据观测到的数据变化，找到营销的突破口。数据策略分析已经成为自媒体营销策略的关键所在，对于个人来说是如此，对于需要借有自媒体平台进行变现的企业来说更是如此。对企业来说，自媒体不是完全地进行情绪抒发的媒介，数据也不是单纯的数据，而是互联网时代企业进行营销的一个平台和工具，在一定程度上成了决定着企业是否能够发展的关键因素。

举例来说，在许多人唱衰微博的时候，我们也注意到了今天微博对于我们生活所带来的飞速影响。即便是在当下自媒体平台日趋多样的现在，它所能传播的频率和内容也依然能够达到百万。

比如西单大悦城结合数据分析与传统调研，打造出专属于自己品牌的人物形象"悦小young"并由某当红漫画家进行原型的延展，设计出一系列漫画形象。西单大悦城就这一事件策划了一个"谁是亲妈"的微博话题讨论，让网友猜测谁是"悦小young"系列漫画形象的幕后创作者，其话题覆盖人数高达5586万，答案揭晓以后，在日常的微博文案展示中，西单大悦城创造出的一体标签都以"悦小young"形象的四格漫画呈现，他们借由这种自媒体的营销运作方式更好地推动了自身的品牌，也从多维度推广了自己的产品信息和品牌信息，深受大众喜爱。其新鲜感的穿透力，融入了受众群体的生活，成了他们购物理念、生活理念以及人生三观的重塑体验，"悦小young"的一句话便可以顺势引发一种潮流，并在这种潮流的带动下，穿透用户的内心，成为他们心声的代言者，也成为西单大悦城最为新锐的数字化营销理念代言者。

在互联网时代，流量就是kpi（关键绩效指标），信息化时代，信息获得途径增多，导致人们接受碎片化信息的数量大大增加。如何抓住用户的眼球，是自媒体运营者，必须要考虑的一个方面。那么如何去吸引用户呢？通过数据的分析，可以了解到用户最深层次的需求，从而有助于辅助账号做好定位和分析，通过精准化的推送模式使得营销效果达到最大化。比如微博营销，可以通过微博中的搜索引擎，根据用户的讨论数量去估计产品的市场规模，甚至是挖掘到一定的成交数据，同自身的品牌与产品相对比，不断完善自身的产品内容，进行精准化推送。此外，自媒体运营要多多学会同行业内其他优秀的企业数据进行分析，只有同优秀的同行比较，同他们的数据进行对比分析，我们才能从中发现我们的问题所在，并进行改正。

第七章

短视频营销：

企业如何借助数字化引爆流量

数字化营销 | SHUZIHUA YINGXIAO

锁定受众，快速挖掘用户潜能

短视频营销在当下可以达到什么样的程度？通过一个案例分析，我们就可以明白短视频的能量了。2020年的春节，同以往任何一次春节都不一样，因为疫情的影响，我们只能待在家中。有人却因此契机在家中做起了自媒体，赚了一大笔。2020年春节，一位B站名叫"Ele实验室"的up主（上传视频、音频文件的人）推出了一款名为《计算机仿真程序告诉你为什么现在还没到出门的时候》的短视频，进行有关疫情知识的科普。在发出这一条视频之前，Ele实验室仅仅只是拥有三万左右粉丝的up主，在发出了这个视频之后，第二天的时间就在私信里收到了十多个广告主进行合作洽谈的商务意向，这便是短视频行业里比较常见的一种盈利性的模式——即通过广告植入的形式来达到账号的变现。

广告变现通常是指由甲方即商家出钱，让短视频创作者在创作视频的过程当中植入自己的产品，在平台进行发布，一般来说，这种短视频是创作者自己制作的，只是在视频当中插入了商家希望传播和营销的产品信息。这种短视频不会偏离原创作者的主导画风，商家也不会明令创作者拍摄哪个内容，只是有合作的意向，以及商业投入的倾向，让创作者根据产品自行进行脚本的设计以及视频的拍摄，只要拍出来的效果达到商家要求即可。

随着短视频发展的步伐加快，越来越多的人加入短视频创作行业中。这种营销模式和手段，也同样引起了很多企业的跟风。很多企业为了使自己的品牌更加深入人心，于是也加入了短视频行业，作为自身推进品牌建设的一部分，把短视频建设纳入企业的营销战略之中。

2019年中国银联推出了微电影短片《大唐漠北的最后一次转账》，这部短片讲述的是一个发生在唐朝的关于使命和信仰的故事。安史之乱之后，唐军平叛，几千将士留下对抗几十万敌军。这支孤军在西域死守四十二年，保长安城平安。故事发生在公元790年，唐军在龟兹和西州两城间输送军费时，运款小队在半路与敌人同归于尽，一名流民在偷财物时，被仅存的一名晕倒醒来的唐兵制服。于是，唐兵押解流民踏上了送钱的旅程，两人在路上经历了艰难险阻，唐兵在途中牺牲了，幸存的流民分文不差地完成了唐兵逼迫自己完成的这项任务。

对比那些平时出现的商业广告，《大唐漠北的最后一次转账》是一个不太像广告的企业宣传片。假如没有播放到最后，人们甚至可能都不知道中国银联是为自己家的"云闪付"打广告宣传，宣传企业文化。除了这一部作品之外，中国银联还推出了系列的广告短片，从这些短片中收获了一大波流量。由此可见，创意型的短片能够非常好地引爆市面上的流量，从而带动企业的销售，进一步推动企业进行对外宣传和推广。

于是，除了上述所说的中国银联之外，越来越多的企业意识到了短视频营销背后的巨大能量，纷纷根据企业的实际情况推出了相应的短视频宣传短片，同各大平台深入合作，注册自己的官方短视频账号。

比如近年来特别火爆的短视频平台抖音，针对企业主的诉求，提供了专门的蓝V认证服务，针对企业的诉求，提供免费的短视频内容分发以及一些商业营销服务，对企业在新媒体领域的营销力度进行了大幅度的拓展。目前，在抖音上的企业号蓝V主要分为两种形式，一种是由企业组织认证的短视频企业号，另外一种是机构号，它的外形同企业号的外形非常接近，假如你是企业的宣传部门，就可以通过注册企业号来占据抖音短视频营销阵地，借由抖音短视频平台引流，实现一键吸粉和卖货。

从后台的数据可以看出，抖音平台的日活量达到了上亿的流量，其中60%～70%的用户为"95后"或者"00后"群体，日平均使用时长达到了64分钟左右。这些群体偏年轻化，热衷于个性化的消费，将在未来成为最主要的消费团体，假如企业能够在抖音上面通过短视频发放实现品牌曝光率的提升，把这些年轻群体凝聚成为品牌的粉丝，那么可以获得十分可观的利润收入，且存在着非常大的盈利潜力。

同传统的营销模式相比较，短视频为各大企业提供了一个成本较低的内容分发和产品销售服务平台，可以让企业用较少的资金投入获得同以往相比更为精准的营销成效，尤其对于那些在宣传费用上预算不多的中小企业来说，更是一个绝佳的发展机会，但凡希望在市场上提高占有率和品牌影响力的企业都不应忽视短视频平台，不应该忽视建立官方企业账号这一风向。

搭建关系，营造一流的品牌营销体系

短视频平台，对于短视频创作者也就是内容的提供者来说，是一个可以把粉丝经济变化为经济收入的绝佳机会；另外一方面，对于商家和企业者来说，短视频平台是一个可以用较低成本实现高效率回报的品牌宣传的绝佳机会。与此同时，可以把短视频创作者当中积累的庞大粉丝群体，逐步地转化为企业自身品牌的黏性用户。从这个角度分析，广告变现对双方都是有利的。倘若没有足够高的粉丝和足够多的人气，也就没有能力接触到广告商，更不要说进行广告变现了。因此在创作的时候，要精准地选择自己擅长的领域，把握好视频的粉丝受众，已经成为短视频数字化营销体系当中最为重要的环节因素。短视频内容虽然说是王道，但是得有明确的方向和领域的划分，也就是说，我们要非常明确自己的视频创作围绕的核心点在哪里，倘若缺乏了这个核心，我们的粉丝群体就不够精准，就不能很好地积累自己的粉丝量。

卡思数据是我国分析各大短视频平台一个极好的数据分析平台，通过它每天发布在公众号之上的推文，可以看出哪些短视频内容创作者的增粉量和增粉速度极快，哪些短视频容易出现爆款等等内容。根据卡思数据的统计显示，在2019年1月到10月的时候，在快手短视频平台上增粉最快的500个红人主要是剧情美食、游戏音乐、美妆类的博主，在增粉最快的短视频创作者红人当中，美食博主和游戏博主、汽车博主等各行业博主都进入到年增粉丝1000万家的行列。除了快手这个短视频平台之外，各大平台也都纷纷出现这样的局面和趋势，由此可以得知，短视频平台上的内容生态已经逐渐由单一走向多元化，随着群体的扩大，受众的需求变得更加细分，人们对内容的需求在不断地增加。

消费者群体也出现了很多细分领域。短视频市场非常广阔，无数的运营者，不管是个人还是企业都意欲投身其中，创造出自己的天地。随着短视频的发展，聪明的内容创造者越来越知道精准定位的重要性。短视频平台虽然覆盖全国的受众，但是想要把全国的消费者都纳入自己的粉丝群体当中，是不太可能的，各个年龄段有各个年龄段的需求，性别的差异可能会造成人们的关注焦点出现差异，要想面面俱到不太可能。所以聪明的短视频创作者和运营者会选择平台当中某个细分领域和市场，进行精耕，迅速开发该类别市场当中的目标用户群体。

所以，每一个视频创作者在创作的时候都要考虑，我们的视频究竟是做给谁看的？进而为粉丝群体制作画像分析需求，围绕这个需求进行视频策划和创作。

一、要建立用户画像

用户画像是从一系列用户数据当中提炼出来的，具有整体性的用户特征的模型。它可以比较准确地描述某一类别的用户群体的通用性特征和消费心理及规律，能够反映和归纳出某一个细分领域的动态。通过构建用户画像，可以使得短视频创作者提高对粉丝群体的认识，有助于优化内容的创作。

二、要分析用户需求

每个人根据自己需求定位的不同，选择不同的视频进行观看。比如说在美食领域当中，有的人喜欢通过短视频来提高自己的烹饪技术水平；有的人观看这一类型的短视频，仅仅只是为了欣赏人们做菜时候的专业手法；有的人看这一类型的视频，仅仅只是为了打发时间而已。不同的人观看视频有不同的需求。短视频创作者和运营者在做营销策划的时候，应该认真地思考我们的用户受众的主要需求是什么？怎么样才能够满足这方面的需求？在这样的基础之上，通过前期的用户画像，我们才能进一步对用户需求进行分析。

用户需求可以根据角度的不同划分为很多个方面，比如说基本需求、痛点需求、兴奋需求等等。基本需求指的是作为短视频内容创作者，要在内容、创作质量等方面达到视频的基本要求，比如说视频是否能够把要表达的东西讲清楚，并且可以让受众有看下去的意愿。痛点需求是短视频创作者是否能够有效地把握住目标用户在学习或者工作当中遇到的某个痛点，在他们观看视频的时候，能够被戳中这个痛点，进而对视频内容产生认同心理。兴奋需求指的是用户在短视频中有没有意料外的惊喜。倘若在视频当中能够做到涵盖这几方面的需求，那么短视频就会被更多的人喜欢，拥有更大的竞争优势。

三、通过内部测评和用户访谈检验短视频的策划效果

在前期的用户画像和用户需求模型的分析之下，我们可以根据用户的具体需求来制作相关的内容。不过为了保证我们的短视频内容和营销可以精准地匹配用户粉丝的需要，要借助内部测评和用户访谈来收集用户的反馈信息，从而检验我们的营销手段是否达到了预期的效果。

内部测评是在作品正式上架到短视频平台之前，由团队内部的成员对初步完成的短视频作品发表个人看法，企业营销号做短视频发放的时候，一定要经过这个步骤。用户访谈是在短视频公开发布之后去完成的工作任务。短视频运营者通过留言观看用户具体评论，同用户进行交流互动，找到那些建议具体并且有深度的留言用户，对他们进行调研，询问他们对短

视频的意见以及建议,从而更好地改进短视频的内容,使之更符合用户群体的需求。

短视频营销,先从把握九个关键数据开始

短视频营销一个最大的好处在于,它可以通过量化的手段和方法反映营销的效果。

大数据思维对短视频传播效果分析具有不可替换的作用,短视频运营者需要明白每一项数据背后所蕴含的意义,从变化了的数据当中提取出有用的情报和信息,作为辅助短视频策划和改进短视频内容制作的有效手段。我们对评估短视频内容效果的九个关键数据进行以下分析:

一、推荐量

对短视频创作者来说,推荐量是一个非常重要的数据,推荐量标志着短视频被推荐给多少个用户观看,推荐量越高,说明视频被推荐的人气越高,表明受众对视频内容的认同感较高,只有多多的推荐才可能使视频不断地产生流量,推动给更多的用户观看。那些推荐量比较低,甚至是没有推荐量的产品,就可能不会再继续推荐给用户。

推荐量并不是凭空产生的,而是短视频平台系统通过后台的计算和算法得出的评估结果。不同的短视频平台,在评估规则当中存在着一些差别,比如说抖音、快手、西瓜视频等等短视频平台上的推荐量会产生较大的差异。

影响推荐量的原因主要是用户的关注热度,以及短视频账号在最近一

段时间内发布内容的具体情况，倘若在一定时期内，短视频账号接连出现了几个火爆的作品，那么后续的作品更容易被推荐。

二、播放量

播放量指的是短视频被多少个用户点击进去实际观看和播放的数量。具体的某一个视频的播放量可以细化，分为昨日播放量、昨日粉丝播放量和累计播放量等等方面。昨日播放量是昨天有多少用户观看了你的视频，昨日粉丝播放量是你的视频被多少个粉丝观看，累计播放量是每日的播放量累计起来的综合数量，短视频运营者可以通过自己在各平台上的个人账号后台查看到该短视频的各项播放量数据。播放量是衡量短视频内容是否受到受众欢迎的一个非常重要的直观性指标。

三、平均播放进度和跳出率

所谓平均播放进度，就是所有观看用户对该视频平均播放完成的进度比率。这一进度的频率越低，代表该用户对视频的欣赏率和接受率越少，也就是说，很多人在点下这个视频的时候，并没有看完视频中全部的内容。但是对于视频的价值而言，我们想要的就是让对方接纳视频内容的全部。

人们常常说，机遇尽在三秒，而视频的跳出率指的就是观众在选择视频时脑海中闪过的瞬间决定率。这个指标和其他测量指标的比率是完全不同的。跳出率越低就代表你的短视频越受到用户喜爱，这也是高质量视频的一个重要标志。跳出率越低，用户活跃水准越高，也代表用户关注度越高。谁能在三秒内赢得用户青睐，谁就是最终的胜出者。不论是软实力的竞争还是营销模式的升级，这两个核心指标都是非常重要的！

四、播放时长

播放时长可以具体细分为累计播放时长和每日播放时长、具体视频的播放时长和平均播放时长等等类别。运营者可以通过后台总的数据以及每个视频播放的具体数据，较为准确地分析视频的具体情况，针对用户的行为，及时地对视频进行改进。

五、收藏量

收藏量指的是有多少用户对该视频进行了收藏行为，收藏量的多少能反映视频内容是否具有价值和观赏性，用户对该视频收藏的数量越多，证明视频越优质，内容越吸引人。因此，短视频运营者努力提升的一个方向，就是提高每一个视频的用户收藏量。做到这点不太容易，除了要提高视频内容的质量之外，还要想办法提高视频推荐量和播放量，只有当推荐量和播放量的数据超过了收藏量的数量之后，收藏量才能得到相应的提升。

六、转发量

转发量是指用户在观看视频之后是否将该视频采取转发行动。用户是否分享，主要是用户认为这个短视频能否被其他人用上，或者是短视频内容是否同自己坚持的价值观合拍。

尽管转发量和收藏量都是作为短视频内容价值衡量的标志，不过两者还是存在区别的。对收藏来说，转发行为体现了短视频内容价值的通用性，收藏行为多数是以观看者个人喜好作为主要动机。

七、点赞量

点赞量目前可以说是评估某个短视频内容最为主要的数量依据,只有当用户认可短视频所阐述的内容之时,才会采取相应的点赞行为。有的时候用户不转发、不评论、不收藏,但是会点赞,这也能证明他们是认可你的短视频内容的。

八、互动量

互动量具体来说是指短视频当中有多少用户评论,评论的数量就是互动量的多少。互动量越大的短视频才有越大的流量,不过评论的数量和点赞量不同的是,点赞是用户对该视频认可,评论数量会将好评和差评都统计进去,有些短视频运营者为了提高流量,会故意地制造出一些比较有争议的话题和事情,通过引发骂战,提高自己的互动量。

九、播放完成程度

这个维度指的是用户观看的内容,占到整个视频播放的比重多少。有一些用户观看视频,只观看了开头便离开了,有一些用户是看到了一半才退出,有一些用户是从头看到尾等等。根据这些具体的情况,可以按播放完成度划分为几个档次,比如播放完成程度在20%以下为一档,完成度在20%~80%期间为一档,视频播放完成度在80%以上为一档。视频创作者要想作品有更高的推荐量,最好是能够让受众看完视频80%以上的内容。

只有通过以上九个数据的综合分析,才能够全面客观地评估短视频的内容及传播效果。这样才能进一步保证短视频数字化营销精准度以及背所带来的运作价值。

数字化营销 | SHUZIHUA YINGXIAO

有效分享，构建属于自己的短视频生态圈

有效分享离不开短视频品牌塑造这一个话题。作为企业以往的品牌塑造可能都是高大上的形象，不太接地气。而短视频营销，更多的是将个性纳入到了品牌塑造当中，对于用户来说，他们愿意购买主播推荐的产品，但是并不喜欢商业气息特别浓厚的品牌，因为他们更喜欢主播塑造的形象，有人情味的意见领袖。

"带货女王"薇娅的团队在这方面运营的情况可以作为一个案例进行研究，其团队对自我的定位是"全球好物推荐官"，薇娅帮助粉丝群体在全世界寻找和分享好物，并不是某款产品的代言人，而是货物的销售者。这个推荐官的描述比"直播一姐"等等来说更加贴近民众，营销色彩也由此被淡化了许多，因为，粉丝之所以支持薇娅，正是因为"喜欢好物"这一属性将粉丝纳入一个团体当中，成了广大消费者的共识，"全球好物推荐官"将这个共识表达了出来，对于构建品牌以及社群的搭建非常有益处。

一、构建短视频营销生态圈

短视频营销生态圈，不仅指短视频的创作团队，还包括粉丝社群和商家，短视频团队生产相关的视频内容，在粉丝社群当中引发关注以及互动推广所要展示的产品，在粉丝社群当中，粉丝转化为消费者，合作的商家开发这部分消费群体，满足他们服务的需求，最终提升营销业绩。只有三者建立了长期稳定的社交关系，才会对合作盈利有所帮助，这个营销生态圈越健康越稳定，对三方来说越有益处，构建短视频营销生态圈的主要目标之一就是经营相关的品牌社群，推动品牌社交化行为，带动起粉丝的活

跃度,将粉丝同短视频创作团队紧密地联系在一起,而商家,从某一角度来说,只是这个生态圈的外延方面,可以根据视频的属性以及粉丝的需要选择不同的商家合作,但是短视频团队和粉丝的黏度绝对不能动摇。

二、梳理品牌社群的价值共识

在短视频营销生态圈之中,获得品牌社群的价值共识,才能使短视频能够长久地实现营销转化。我们在塑造短视频内容的时候,在构建短视频粉丝社群的时候,要像朋友一样,同社群当中的成员进行交流,不断地塑造共同价值意识,一旦粉丝认同这个意识,就会受到短视频创作者强烈的意愿影响,最终加入品牌社群。

在社群梳理共同价值的过程当中,主要是通过用户的交互体验完成。在观看创作者第一期短视频之后,实际上,它已经成为品牌社区成员的一个共同仪式。虽然这个仪式不同于线下的很多仪式,规定了时间、地点、人物等等,大家在不同的时间对视频进行观看,但由此引发的价值共识是相同的,这个时候会产生互动视频,创作者和运营者要及时地推动互动的产生,从而使社群成员发生社交行为,增加粉丝黏度。从这一点看,短视频已经成为梳理粉丝价值共识和提升社群凝聚力的关键所在,这就对短视频团队创作内容和提升质量有了更高的要求,短视频创作团队只有用心做好内容,更好地更新作品来巩固前期拥有的价值共识,才能够推动品牌社群的进一步发展和扩大短视频营销生态圈。

尽管我们要扩大短视频营销生态圈,但并不意味着我们要一味地为了扩大而扩大,把所有的东西都收纳进品牌建设这个篮子里面,这样往往会让品牌变得混杂,最终失去了原有的价值定位。短视频创作者在进行品牌建设的时候,一定要牢记品牌的主要发展方向,基于品牌文化根基进行创作,才能留住老用户,吸引新用户。

第八章

直播营销：
掌握战法才能独步天下

数字化营销 | SHUZIHUA YINGXIAO

低成本见效快，直播营销火爆的真实秘密

互联网作为第四大媒介，自从出现之后，引发广泛关注。尤其随着互联网的发展、手机智能化的更新换代，传统的以电视为媒介的直播形式已经转移到用户手中，智能手机的普及使得直播概念有了不一样的延展，基于智能手机出现了很多直播平台和直播形式。

现在的网络直播，主要指使用智能手机或者iPad等相关机器设备的用户，在设备上安装直播软件，利用手机进行直播，直播的内容可以涉及多个方面，比如采访、旅行、户外活动等等。观看者在直播平台就可以同直播人员产生互动，打破了时间和空间上的距离限制，直接达到直播者所要展示的范围和空间。

因此，传统的营销手段，也因为直播的发展产生了很多新的方向和内容。广义的直播营销主要是指企业通过直播平台进行营销活动，对品牌进行提升或者促销。2016年，我国直播平台进入爆发增长时期，直播平台已经超过300家，在直播平台上活跃的用户已经超过两亿人，直播已经成为营销的重要手段之一。因此，现阶段所说的移动直播营销，很多指的就是利用手机进行直播。

这一新的直播营销形式，在形式的设置上，更加多样化，比如说可以设置场景，在直播的时候，企业为了达到营销的目的，搭建相关的销售场景，让观众在观看直播的同时仿佛身临其境，用浸入式的现场体验，使观众的购买欲得到激发。其次，可以在直播间安排相关的任务，在直播当中，主播或者是被邀请的嘉宾是直播内容的主角，主播的定位和参与嘉宾的定位，需要同直播内容的观看者即受众的定位相互匹配，才能很好地进行交流沟通，引发受众购买相关的产品服务。开启直播时，需要将产品巧妙地植入其中，不管是主持人进行相关话题的叙述，抑或是道具的展示等等方面，都需要把产品代入其中，促使营销落实。在创意方面，新兴的移动互联网络直播模式，完全打破了常规的直播方法，在形式上更加丰富，采用户外直播、明星访谈、游戏加入等等方法可以为直播间的营销推广增色不少。

直播营销最终的目的是通过挖掘粉丝的需求，生成相关内容和作品，促使粉丝前来直播间进行变现转化，通俗一点来说，粉丝实际上是消费者。社会上各行各业都有不同的人群，三百六十行，行行出状元，各行各业都有相关的大佬和意见领袖，由于其专业性或知名度，背后有无数的人追随，这些追随者和模仿者可以说是粉丝的具体体现。这些领军人物通过他们的影响力，影响粉丝创造相应价值的现象，便是粉丝经济的体现。

直播营销的背后，有一个行业通用的关系：粉丝等于流量。也就是说，粉丝和流量是成正比的关系，粉丝越多，流量也就越多，所以直播当中的任何一方，不管是企业电商，还是各大平台的各个主播，都在不断地抢占流量。粉丝对于直播营销来说，是最大的价值利益所在点，所以粉丝数量越大，那么直播的营销价值也就越大。

直播时代的兴起，构造了一个个IP，IP时代的到来，是个人价值社会化的一种体现。主播通过打造自己，明确定位，来输出内容，粉丝基于自己的喜好或者是价值观的认同，来追随相应的主播，这一趋势随着时代的发展愈发明显，曾经红遍全国的超级女声选秀便是直播营销的先导案例。

抓眼球的，才能产生轰动效应

近年来，直播营销已成为风口浪尖上发展兴起的重要行业，尤其是头部的一些直播主播，在获得名气的同时，还获得了大量的经济收入，使得众人纷纷试水直播电商营销。而要想在这之中分得一杯羹，需要对直播的各个方面加以了解，包括直播当中产品的定位、产品的功能、目标群体的划定、销售渠道的安排、营销方式的设定以及行业竞争的氛围和自身的条件等等，都要有所了解。

直播平台虽然有所减少，但主播从业人数越来越多，相应的竞争力度也越来越大。就拿电商直播平台——淘宝直播作为例子，尽管直播平台对平台上面的直播内容进行了相关的分类，如美妆、服装、母婴等等分类，但在每个栏目下面都有着非常多的竞争对手。主播如何在这样的环境当中脱颖而出？这是值得思考的一个方面。

想要脱颖而出，首先得有一个精准的定位，这个精准定位并不是从主播出发，应当从目标的粉丝群体的角度出发，围绕粉丝需求进行定位，继而在主播身上打上独一无二的标签。当粉丝一提到某个话题的时候，就会想到我们的主播和直播，比如大家一提到游戏攻略就会想到"纯黑"。

除了精准的定位之外，主播如何在内容上吸引粉丝并且留住粉丝，也是非常头疼的一个问题。许多主播是将直播所选择的内容同粉丝的提问相挂钩，粉丝提问什么，主播便回答什么；有一些主播则直接全程介绍产品，将重心放在合作方身上；还有的主播采用的是线上教学的模式。不管是哪一种形式，我们都需要根据自身的角色定位出发，明确自己的核心目标和核心竞争力。

一、找寻自我定位和优势

开启直播很容易，但直播内容制作很困难。当不清楚粉丝想要什么东西的时候，我们就不知道到底应该直播什么内容。因此，主播要寻找自身所拥有的优点，挖掘潜在的优势，做其他同类型主播没有的内容，或者是做得比其他主播好的内容，同其他同行业主播拉开差距，在内容上形成差异，吸引粉丝，精准转化。

二、充分引起粉丝的共鸣

主播身上不一定所有的优势都是有效果的，主要是看粉丝是否针对主播的这一特性进行买单，如果仅仅只是为了突出眼球，做一些比较不同于他人的事情，是没有办法长久地获得粉丝的认同的。如果要留住粉丝，一定要让粉丝同主播有相同的感受，引发共鸣。主播在直播当中要升华主题，强化共通感和认同感。

三、时刻观察粉丝的需求

时代不断在变化，粉丝群体以及粉丝需求也在不断变化，这就需要我们通过一定的数据分析，来密切观察直播的实际情况，不断跟踪粉丝们的核心需求所在，修正自己的直播重点和直播内容，通过数字化的营销手段，配合直播营销，精准触及粉丝群体，达到营销目的。比如说电商直播中的淘宝直播，有的粉丝需求点在店铺价格上，有的则放在品牌中，只有对粉丝进行数据分析调查,才能使得主播在直播当中有所侧重,才算直播成功。

四、抓住直播当中的重点

换句话说,直播就像一种碎片化阅读,粉丝并不会用大量的时间投入在观看中,如何在碎片化的时间中吸引新用户的眼球,又能时时刻刻把握老粉丝的体验观感和满意度,抓住重点是很必要的。

在直播当中,产品定位是必不可少的一个重要方面。简单说来,产品定位就是考虑到消费粉丝群体的直接需求、产品自身拥有的竞争力以及竞争对手的实际情况、制定符合自身内容的营销策略和计划。如何确定自身或者是被邀请嘉宾身上的优点所在,抓住对手不足之处,这里主要强调的是消费者需求的产品定位。粉丝作为消费者,有复杂之处,也有简单之处,简单之处便在于他们是因为对主播的喜爱,共同来到直播间,对主播的认可,让他们成为忠实的消费者和追随者,形成了一个比较稳定的消费群体;复杂之处在于,粉丝群体作为一个覆盖人群非常广泛的群体,数量庞大,每个人的喜好不太一样,都会有所侧重,不可能使所有人都对所播出的产品满意,而且每个人的需求随着时间的推移,还在不断发生着变化。

在直播行业中所说的人设,更为准确的话,可以表达为品牌,人设崩塌,实际上就是品牌的失败,具体来说,指的是由于对品牌定位或者优势判断的错误,导致品牌的价值受到损害的一种现象。品牌价值是绝对不能动摇的基础,它是直播之所以能够立于不败之地和定位的根基,倘若品牌被推翻了,那么就会完全失去产品的价值。

在维护品牌价值的时候,需要做到以下几个方面:一定要围绕粉丝的需求,根据需求的变化,不断地对品牌进行变更和拓展,假如脱离了粉丝的最终需求，那么也就脱离了对品牌方向的把控。其次是不断根据品牌的方向更新原创内容，只有品牌时时刻刻保持新鲜感和独特性，才可以不断增加粉丝的黏度，增加粉丝对于品牌的认同感。最后是要注意挖掘品牌深厚的文化内涵，赋予品牌不一样的含义，使得粉丝对所追求的品牌产生不同一般的自豪之情。

品牌价值的维护，归根到底来说，还是要解决服务和粉丝二者之间的关系，只不过所有的粉丝需求有隐性的，也有显性的，主播想要掌握直播当中的主动权，那么就要深入地分析和挖掘粉丝的需求方面，也就是说要抓住直播营销的关键点。一场直播做得好与坏，在于主播是否挖掘出一个品牌或者产品对粉丝的价值大小，只有当粉丝需要这款产品的时候，主播的价值才能够得到体现。所以，这也意味着，产品的价值体现，并不在于对主播有多盲目追求，或适应粉丝不断改变的需求，就可以达到相应的效果。总的来说，主播要做到以下几个方面，才能够做好品牌价值和产品的维护。

1. **要明确自身的能力所在**

虽然说主播提供的产品和服务是越多和越全面越好，不过绝对不能超出自己所能承受的能力和范围之内，也不能超越一定的利益安全界限，不能为了盈利而采用不合法的营销手段。只有建立长期稳定的关系之后，使粉丝产生足够的信任，粉丝才会对品牌形成认同。

2. **要深入分析粉丝的潜在需求**

直播同线下市场营销都属于营销大类，他们的共同点在于，对目标粉丝群体来说，既然他们能够浏览到同一个信息，自然存在着相同的特征。我们所要做的就是为这些粉丝的共同特征进行画像。比如说如果是以男性和年轻人为主的游戏直播的粉丝，他们会对熬夜充饥的零食更感兴趣，而对皮肤护理产品的需求，不会很大。如果是以年轻女性群体为主的粉丝，她们会对护肤品有更高的需求，而对游戏这方面的需求不会很大，所以要根据粉丝的定位来选择相关的产品，根据共同的特征，结合自身的优势分析，打造自身的特点。

3. 找到合适的表达方式

营销实际上是一门艺术，在沟通和交流之中，达到产品销售的目的。在这期间所运用的话术要精准，太过于明显的表述会引发相反的效果，比如说某一款产品是用于头发护理的，倘若出现"秃顶""地中海"之类的字眼，会引起消费者极大的内心不适，从而对产品产生抵制心理。当粉丝作为消费者群体购买产品的时候，除了对产品和服务具有需求之外，他们同样也是存在情感需求的，这种需求恰好就是提高产品附加值的关键所在。倘若想在同类产品中脱颖而出，在细节当中满足消费者的情感心理是绝佳的选择。

发挥直播优势，打造独具匠心的数字营销板块

为了吸引网友观看直播，企业新媒体团队需要设计最吸引观众的直播吸引点，并结合前期宣传覆盖更多网友，根据"直播吸引点"划分，直播营销的常见方式共有七种，包括颜值营销、明星营销、稀有营销、利他营销、才艺营销、对比营销和采访营销。企业在设计直播方案前，需要根据营销目的，选择最佳的一种或几种营销方式。

一、颜值营销

直播经济中，颜值营销的主播大多是帅气靓丽的男主播或女主播，高

颜值的容貌吸引着大量的粉丝围观和打赏，而大量的粉丝围观带来的流量正是能够为品牌方带来曝光量的重要指标。

二、明星营销

明星经常会占据娱乐新闻头版，明星的一举一动都会受到粉丝的关注，因此当明星出现在直播中与粉丝互动的时候，会出现极其热闹的场面。明星营销适用于预算较为充足的项目，在明星筛选方面，尽量在预算范围内寻找最贴合产品及消费者属性的明星进行合作。

三、稀有营销

稀有营销适用于拥有度假信息渠道的企业，包括度假冠名、知识版权、专利授权、唯一渠道方等。稀有产品往往备受消费者追捧，而在直播中，稀有营销不仅仅体现在直播镜头为观众带来的独特视角，更有助于利用稀有内容直接拉升直播室人气，对于企业而言也是最佳的曝光机会。

四、利他营销

直播中常见的利他行为主要是知识的分享和传播，旨在帮助用户提升生活技能或动手能力。与此同时企业可以借助主持人或嘉宾的分享，传授关于产品使用的技巧，分享生活知识。利他营销主要适用于美妆护肤类以及时装搭配类的产品。

五、才艺营销

直播是才艺主播的展示舞台，无论主播是否有名气，只要才艺过硬，都可以带来大量的粉丝围观，如古筝、钢琴、脱口秀等，通过直播可以获取大量该才艺领域的粉丝。才艺营销适用于围绕才艺所使用的工具类产品，比如古筝才艺表演需要使用古筝等。

六、对比营销

有对比就会有优劣之分，而消费者在进行购买时往往会偏向购买更具优势的产品，当消费者无法识别产品优势的时候，企业可以通过与竞品或自身上一代产品的对比，展示差异化，以此来增强产品的说服力。

七、采访营销

采访营销指的是主持人采访名人嘉宾、路人、专家等，以互动的形式，通过他人的立场阐述对产品的看法。采访路人有利于拉近他人与观众之间的距离，增强信任感。

沉浸式渐进，打造泛娱式营销氛围

网络社交平台发展起来后，我们见惯了各式各样的营销手段，网络营销成本低，传播范围广，见效快。粉丝之所以能够跟着主播的节奏走，从某种角度来说，就是主播的营销套路。网络营销的形式千变万化，但从根源上来说，也只是几个大类，成功的营销，总是能带给粉丝真正想要的东西。

一、体验营销

顾名思义，体验营销就是通过体验的方式，让消费者直接感受商品和服务的效果，让其真正体验到价值所在，增加消费者对商品和服务的信任度。体验式营销一直都是一道难以逾越的鸿沟，因为不同于以往线下店的体验，消费者没有办法通过接触切身体会。详见图8-1所示。

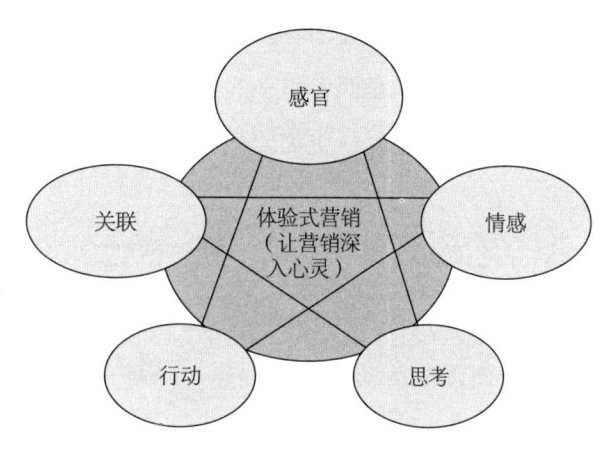

图8-1　体验式营销

虽然聪明的电商们用美工、视觉设计、文案等手段模拟还原了不少的场景，但依然让人感觉差了一点什么。而短视频和直播的出现，很好地弥补了这一个缺憾，前面我们提到的淘宝直播，就是直接通过在线视频，为粉丝们进行试穿、展示，让粉丝们通过实时的变化和效果，对商品有更直观的感受。

除了淘宝的一些美妆、服饰直播属于体验式营销，近年来兴起的旅游直播、吃播等，以主播的第一人称视角或亲身体验，为粉丝们进行解说和推荐，都属于体验式直播的门类。直播用户通过他们的体验，得知一款游戏是否好玩，需不需要购买；一个景点是否好看，值不值得一去；一家店铺的料理是否好吃，应不应该尝试；体验在前，变现在后，这就是对体验营销的诠释。

体验营销较大的两个难点就是主播的专业度和粉丝的信任度。

二、情感营销

如果说体验好，能够为主播们带来更多的流量，转化更多的粉丝，那么情感则是增强粉丝黏度，留住更多老粉的关键因素之一。网友们观看直播，起初并非都是为了买什么东西，更多的是为了娱乐和放松，或者说满足精神需求。很多现代网友比以往更需要得到认同和赞许，希望能够找到自己的同类人。

直播营销同以往的传统营销不同的是，粉丝黏度的增加离不开情感营销手段，主播需要关注新粉丝的增加，也要了解如何留住更多的老粉丝。一般来说，粉丝量较多的主播都会有粉丝自己所建立的贴吧、微博、后援会等等社交网络社区。

三、自黑营销

自黑是一种豁达，这种调侃比上纲上线的回应更有效果。其一让喜欢自己的认识到自己不同的一面，其二让诋毁自己的人无言以对。在网络时代，除了一些底线和大是大非的问题，更多的是粉丝之间的争吵，自黑有时候是解决问题的最好办法。

第九章

社群营销：
数字化营销类别的
主流航母

建立社群文化，让营销充满特色底蕴

社群作为一个比较集中的交流群体，是基于一定的文化认同，才会联系在一起。对于企业来说，产品会过时，而文化不会过时。

企业要想持续存在或者获得更大的利润收益，离不开社群文化的搭建，企业需要构建自己鲜明的特征，为自身赋予相应的文化特性，对内凝聚人心，对外凸显品牌。比如说抖音刚开始创建的时候，其产品并没有像如今那么完善，开发者为宣传抖音，做了很多的优化。在线上的社群讨论当中，众人纷纷提出意见，积极研发更好的、符合人们需求的互联网产品，才有了如今风靡全国的抖音产品。所以文化对企业具有非常大的作用，它可以激发群体智慧，促进企业实现更好的目的，达成更好的结果。在社群搭建之中，也同样要遵循平等、开放、分享的互联网精神。

除了上述所说之外，社群还需要具有利他文化的属性。对文化的认同是社群成员互相联系的开始，社群只有不断给社群内部成员提供温度，社群成员才会长期停留下来，传播社群文化。所以社群内部文化的体现是一种价值观的体现，只有拥有共同价值观，社群成员才能聚集在一起。

举例来说，一提到湖南的饮食，人们的第一印象一定是"辣"，而说到具体的食物，米粉绝对是一个典型的代表性主食。于是有个北大毕业的湖南人创办了伏牛堂这个米粉品牌，同时由于品牌的号召力，又有了霸蛮社这个社群。霸蛮社是一个优质的在京湖南人社群，偌大的北京，在这里打拼的湖南人足足有30多万，他们远离家乡，却时刻思念着家乡的味道，而伏牛堂的米粉多则为湖南人思乡时的首选美味。霸蛮社的出现，解决了许多在京湖南人的家乡情结。

但是再喜欢吃粉，也不能天天吃粉，更不能吃一辈子的粉。于是他们建立了属于自己的社群，开始了自己的社群维护。究竟该怎么维护好自己的粉丝呢？仅仅靠米粉，一旦过了蜜月期，势必情感就会冷淡下来。于是运营者们将霸蛮社积极打造成为在京湖南人的优质乐活空间。它做了一件似乎与卖米粉没有任何关系的事情，那就是带着大家一起玩儿，在同乡与同乡之间传递亲情和能量。目前霸蛮社的核心粉丝已经多达300人，每一个人跟自己之间的关系都像家里人一样。只要霸蛮社有事，300个人都可以准时出席，黏度是相当的高。

老板说，霸蛮社的主流群体是"80后""90后"的年轻人，他们玩的形式不仅仅局限在品味美食，还有观影、公益、读书等各种各样的玩法。你也可以把他们理解成一个湖南标杆性的文化品牌，做了一个青年的社区，顺带着卖点米粉。或者把他们理解成一个孕育新梦想的文化公司，做了一个自媒体，顺带着给伏牛堂做些广告。在自己人效应下，这些当然是义不容辞，大家都能够理解，并且愿意主动参与到老乡的事业中。捧场的人越多，彼此之间的距离也就越近，品牌与社群之间肝胆相照，关系早已经不分主次了。

社群营销，一种作用于消费群体的网络营销模式，在网络社群营销和社交媒体营销的基础上,新的网络与企业品牌文化紧密地链接在一起。这种网络链接的形成,在带动产品盈利的同时,更为精准地把握了消费社群的集体脉络。它渐渐替代了固有的营销模式,将更新颖的营销构架渗透于消费,渗透于每一个消费对象的内心和生活。企业在搭建社群之时,一定要在内部建立自身的文化体系,主要可以从以下几个方面出发:

一、建立群体化认知

一个社群能够聚集,主要是基于成员内部共识,不过这种共识常常是相对抽象的,这是成员加入社群的门槛和理由。在组建了相关群体之后,面对具体事件的发生,在社群内部应当还要创建一种氛围,让社群当中的每一个成员对该事件有高度一致的认同感,由此构建具有纪念意义和价值的群体性的记忆,从而深化社群当中成员的内部身份,提升他们的参与感。最常用的手法是社群管理者有意将热门事件或大家感兴趣的话题多次在社群内部提及,最终形成一种只存在于社群内部成员之中的集体性记忆。这种重复强调能够加强成员间的默契度,加速提升好感度。

二、在内容上做梯度的划分

互联网社群由于其搭载的平台的分享性和便利性,虽然说是一个比较容易迈入的社群,但社群化认识的创立,在无形中加高了这一群体迈入的门槛。对于想要加入这一群体的外部成员来说,想要从零开始适应这样的环境,是需要付出比较高的成本的。当社群内部存在的消费性元素越多,就越有利于社群内部进行分层分化,当外部成员能够找到同自己的定位相符合的层级和自己所能理解的内容,就不会被已成熟的社群文化体系拒于门外。这种内容的层级划分也是一个社群能够自发和持久运作的根本所在。

三、保证和保持好社群的定位

互联网可以将社群的成员进行无限化的细分,虽然想要构建一个规模超级庞大的群体是很困难的,假如可以保证一定量的新用户的加入,可以推动社群内部文化自然生长。不过这也在一定程度上对社群的质量产生考验,外界用户的不断涌入,可能会对一个社群内部的文化氛围与认同度产生极大影响,作为社群的管理者,应当要对此进行把控。

在绝大多数的社群当中,其文化体系的创立,是社群包含的成员在互动当中产生的二次产物。一个庞大的社群文化体系的创立,最先开始是在一部分社群和人员当中产生,这样的文化想要获得更大范围的认同,就必须选择向外进行扩张和扩展。在扩展和传播的过程中,其内涵也会发生一定的转变。比如"宅文化"最先开始指的并不是一种许多人共通的较为广泛的生活方式,最初指的是院子和一小部分特定的群体,后来通过传播才发生了内涵上的转变。

因此,对社群内部文化体系具体内容的打造是很难运用实际手段加以控制的,在传播和成熟的过程中,会发生一定的转变,而我们需要做的只是搭建一个有利于社群文化传播的环境。

社群运作,数字化营销中的人情战役

情感体验作为一种非常特殊的体验活动,是人们对某些真实或者想象的行为进行肯定或者是否定性的评价,由此引发用户产生关于精神或者是生理和心理上的反应需求。情感具有不可忽视的重要作用,它能够通过内在价值观影响人们在消费中的行为，社群营销特别需要情感作为支撑。

在众多的营销模式中，情感营销极为有效。情感营销是企业在品牌营销战略的设计中，把消费者个人情感需求作为核心要素，通过情感设计和情感促销等手段，拉近同消费者的心理和情感距离，从而激发消费者的购买欲望，促进消费。这是企业实现经营目标，取得竞争优势的一种极为有效的方式。情感营销主打的是人文关怀和心灵上的触动，更容易深入人心，获得消费者的认同和消费支出。

因为受到疫情影响，在今年大多数品牌的销售利润都出现了大幅度的下降，但就是在这样哀鸿遍野的情况下，太平鸟却如一匹业界黑马闪亮登场。根据2020年10月21日太平鸟公布的数据，2020年的前三季度其营业收入达55.21亿元，同比增长了10.35%，而净利润也高达2.14亿元，同比增长幅度高达151.1%，其中，第三季度的太平鸟净利润同比增长了161%。

为什么会有这么完美的收益，即便是在这样特殊的时期业绩也依旧如此辉煌呢？对此太平鸟时尚服饰CEO陈洪朝用"高频+高能"诠释了太平鸟逆势增长的营销秘密。通过高频率的营销联动，打造属于自己的经典社群，引导青年文化潮流，满足消费者多元化的时尚需求，同时通过高能运营方式，打通科技时尚脉络，通过对技术持续投入推动企业数字化转型，保持品牌与消费者之间的深度链接和黏性。

在陈洪朝看来，年轻人喜欢借助服饰来彰显自己的生活态度，更愿意为符合自身属性的文化标签买单。正是因为这样的原因，太平鸟提炼出了"青年文化"这一品牌策略。通过年轻消费者喜闻乐见的营销模式，比如为年轻人创造节日、IP跨界合作、代言人年轻化等等一系列的内容，来加强粉丝的黏合性，提升社群的整体活力。

同时，作为首批布局创新零售打法的太平鸟，目前正在向成为"科技时尚"公司迈进，公司根据大数据创造了属于自己的"聚焦时尚"打开了属于自己的"数字驱动"和"全网零售"科技数字化转型的道路，如今已经成效初显。为持续科技转型，2020年9月，太平鸟还宣布将于2021年9月募集近8亿元的资金，重点搭建包括消费者洞察与深度链接的平台，将供应链运营效率提升平台以及急出保障支持平台。

能在危机中为企业赢得这么惊人的销售业绩，社群营销的魅力渐渐引起了企业领导者们的重视，很多品牌的管理者组织打造属于自己的数字化组织、数字化门店、数字化导购，并在协同配合中源源不断地提升整合效率，以此来实现营业额。

现在，很多家的品牌主都表示，这次疫情改变了品牌之间的互动链接方式，利用社群的链接，消费者与品牌之间形成了一种更为直接的生态互动，整个资源体系，伴随着产品、品牌、文化和消费者需求的连脉而得以整合和打通。产品更适应于需求，而需求成就了更大效率的消费。

现在，多家品牌主都表示，这次疫情改变了人和品牌互动的方式，双方都会更适应线上渠道，社群营销会成为实体经营的常态。

社群营销在一定程度上也可以借用情感营销手段，社群一旦充满了情感，那么就可以将消费者的思维提升到更高层次的追求之上，加深消费者的品牌忠诚度和依赖度。在这个层面上，情感营销是让企业或者产品获得成功的最佳方法。进行情感营销，主要有以下几种方法：

一、将情感融入企业的产品当中

传统的营销因为供小于求，所以消费者只注重产品的性能，当产品满足消费者所需，消费者便会进行购买。随着市场经济的发展，企业之间竞争加大，各行各业大都处于供大于求的情况，企业要想在众多的竞争当中脱颖而出，就要采取更多的方式和手段，引发更多的消费者关注，比如在情感营销上面加大力度。此外，可以采取定制产品的手段，定制产品是根据消费者的具体需求，在设计产品的时候，让消费者参与其中，通过情感的诉求，让消费者更加接受产品。

二、在广告当中植入情感

在企业广告当中，以情感作为目标定位，用情感打动消费者，引发消费者的共鸣，自然会使大家乐于接受产品。

三、在沟通和服务上做到极致

沟通是加深情感最有效的方法，平等的交流沟通，能够促使感情长时间维持，对于社群来说也是如此。社群实际上还是人与人之间构成的组织，只不过采用线上的形式，社群成员之间相互建立情感势必要通过沟通，在这之上，企业为他们提供优质的服务，就更能增加用户的黏度，提高他们对企业产品的需求度，达到社群营销的目的。实际上，沟通和服务是企业必备的基本要素，而不是为了达成成交作出的手段。服务对于企业发展来说是极为重要的要素。

四、建立信任基石

信任二字在各行各业都是非常关键的，社群之中，也需要相互信任，只有用户对企业有足够的信任度，才会由此产生购买行为。在互联网时代，消费者同商家有了众多可以交流沟通的平台，企业可以通过微信、QQ、邮件等等，让消费者与企业建立更多的交流渠道，随时随地了解到有关企业产品的各种信息，从而增加相互之间的信任度。不过要获得用户的信任，不是易事。如何获取用户信任？主要有以下几个途径：

1. 充分地利用互联网时代带来的优势

"互联网+"在如今已经成为各个企业挂在嘴边谈论的话题，企业也深知网络营销的重要性。企业可以利用时代发展的趋势，通过微信、微博、QQ、网络论坛等等平台的分享，多多宣传企业相关的产品和文化，让消费者熟知并且对企业产品产生信任。

2. 通过各种活动增加用户的信任度

互联网社群实际上是一个大家庭，想要时刻保持社群内部的活跃程度，增加群体成员之间的信任度，经常举办活动是一个特别有效果的方法。比如在特定时间举办特定活动，可以让用户对企业和产品有更加深入的了解，加强同企业的联系。

3. 提供好的服务，从而增进用户的信任度

产品不光需要有好的质量，更需要好的服务做加持。社群经济时代，各大企业都以用户需求作为品牌建设标准，质量的高低并没有特别大的区分，所以需要在产品的服务上下功夫。好的服务可以解除用户的后顾之忧，建立信任感。

社群经营，数字化营销时代的大势所趋

传统的商业经营模式被互联网时代打破，互联网催生了社群经营发展，使得企业可以直接同消费者交流和接触，当企业抓住用户的需求点和痛点，会迅速地积累跟随其后的广大消费者群体，通过社群经营来进行产品营销的商业手段逐渐成为时下的主流模式。

相对于其他模式来说，社群营销模式具备非常大的优势，社群是基于

共同的兴趣、爱好或相同的价值观等社交属性而汇集在一起。若想让社群中的成员成为忠实的粉丝，需要具备足够的闪光点、吸引力或者是人格魅力。

知味葡萄酒杂志社，是一家专注于葡萄酒爱好者的标杆性社群运营基地，这里提供轻松的葡萄酒文化、专业性的品酒知识、实用的买酒建议和精彩的品鉴体验。让参与者享受葡萄酒的韵味和芳香是这家创业公司的初心所在。从创业以来，知味的推广与内容，始终都在以社群为核心。通过知味专业、垂直的葡萄酒媒体内容和线下的葡萄酒教育体系，如今的知味已成为国内最火的葡萄酒媒体之一。50万阵容强大的葡萄酒爱好者，出于对葡萄酒各种的中意，在葡萄酒文化社群聚集起来，成为独具特色的社群文化。

那么具有如此强大生力军作为后盾，接下来的运营到底该怎么做呢？如若太传统，势必太平庸，创建新的玩法，才能最大限度地吸引眼球。知味认为，社群营销是依赖人心的，想要增值运营，首当其冲要把重心放在服务上，有效地进行商业激励，采用情感联脉，这样才能聚拢用户，提升用户与厂家之间的认购关系。

知味能够通过用户数据采集功能内容标签的方式，收集所有社群用户与知味之间的互动行为，完善内容偏好，优化服务流程。用户不管是看了一篇特定内容的微信图文，还是参加了一场特定主题的品酒活动，或者是购买了知味推荐的葡萄酒或周边的产品，这一切的内容，都会被知味记录下来，形成系统数据，更好地作用于营销和筹划。

通过足够长时间的数据采集，知味通过结构化获取的用户信息对他们进行了系统地分类，并通过不同的主题内容，将有需求的社群用户组织在一起。比如阅读过较多次关于意大利葡萄酒文章的用户，会被通知到知味组织的意大利葡萄酒品鉴会的用户，都会被要求加入"知味意粉"小组，这样的情况下，葡萄酒爱好者会陆续被不同主题的社群以网状的形式笼络到一个个社群小组之中。

这样一来，精准的分组让社群的粉丝活跃度大幅度提升，而且还精准定向地向用户发送他们感兴趣的信息和服务，有效地打通与粉丝之间互动链接的脉络。同时，基于对庞大粉丝数据系统的挖掘和聚拢，知味还可以据此为粉丝发送完全个性化的促销信息。

对企业来说，社群内的粉丝就相当于潜在用户，为何这样说呢？因为粉丝是由于情感纽带维系而产生的关系，粉丝产生消费行动，是基于对品牌有着不一样的感情基础，当粉丝群体喜欢或者是认可企业时，对企业生产的任何产品都会非常期待。比如苹果手机的"果粉"是非常好的一个例子，"果粉"是指喜欢美国苹果公司生产的电子产品的用户，他们从手机开始接触苹果产品之后，因为情感上的认同延伸到消费苹果公司生产的电脑等其他一系列产品，由于对苹果公司生产的电子产品有一种心理和情感上的追求，从而衍生出凡是苹果生产的产品都渴望拥有的心理需要。每次苹果公司推出新品的时候，果粉们几乎都是通宵达旦排队只为抢到新品，达到了非常疯狂的地步，甚至无论新产品功能相较于之前来说有多少提升，这并不重要，只要粉丝对苹果公司所生产的产品有情感和心理上的认同，他们便会进行购买。这就是我们熟知的粉丝效应，社群也是基于粉丝才能够进一步运营起来。

在社群内部进行一定的情景搭建，可以促进消费。如今的企业已经不再是仅仅通过实体的一对多的模式进行产品销售了，线下的实体展示很容易受到地域的限制，覆盖的消费群体也没有那么广泛。很多企业通过互联网，可以完全地向受众展示自己的产品，就算是拥有线下店铺的企业，也会在线上进行产品的展示，从而吸引更多的消费者。

互联网催生了很多新型产品的出现，类似的产品增多导致竞争加大，消费者在众多信息选择当中不一定会选择某个企业的产品。因此，企业要想在众多竞争当中获得一席之地，一定要抓住消费者的消费习惯，基于他们的需求开发符合他们情感需要的产品。

当社群营销同情景互相融合的时候，企业便不需要在产品广告宣传上做过多投入，更应该注重社群场景的搭建。参与社群场景和活动的用户，更容易转化为消费者，此时的消费者更加注重的是参与当中的快乐和激情。在场景的搭建中，实现了产品和人之间的快速联系，刺激消费者购买产品。

大数据分析用户行为显示，人们当下的生活已经被细化为各种各样的情景，情景的出现是社群营销的一大趋势，比如各种垂直生活类App大量涌现，也是这个趋势的具体体现。

第十章

AI 营销：
企业如何借助数字化让品牌推广更立体

数字化营销 | SHUZIHUA YINGXIAO

AI营销已来，去寻找心中的"阿尔法"吧

自1950年左右图灵开始研究人工智能以来，人工智能一直作为一门前端科学在曲折的道路中前进，一步步实现突破。截至2018年，最先进的人工智能AlphaGo已经分别战胜了韩国围棋高手李世石和曾获得世界围棋冠军的中国棋手柯洁。事实上 AlphaGo所代表的人工智能AI能力不仅限于此，近几年在营销领域，从人脸识别到语音登录，再到广告和内容的精准投放，AI营销已经逐步覆盖到企业营销的方方面面，引入AI营销越来越成为一家企业领跑未来的标志。

作为普通人在当今这个时代也会有这样的体会：10年前毫不费力空手套白狼的赚钱思维，现在却不再行之有效。我们总在抱怨这个时代变幻莫测，难以把握，却没有人静下心来寻找问题的根源。其实，问题的根源正在于我们的认知，人类的认知是有局限性的，不仅受到个人知识背景和社会经历的影响，更受制于自身的偏好。要从本质的层面去做认知提升，不仅要提升认知能力，还应该转化思维模式。而我们要谈的AI营销思维，是一种时代前沿的思维模式，也许能够为你提供一种新的路径。AI思维可以在一定程度上解决我们的认知局限性问题，帮助我们进行认知升级。

首先我们要明白，AI营销不同于目前很多人对人工智能的认知，他们眼中的人工智能等同于机器人、无人驾驶、人脸识别或者语音识别等，但这只是人工智能的具体应用，只是人工智能的冰山一角。我们要阐述的是AI思维，可以说是人工智能的真正精髓，是人工智能冰山上的内核，它能够帮助我们找到自身真正的优势，获得真正展现我们个体主动策略优势的超额收益，从而使我们的生活和事业蒸蒸日上。

我们对于新问题的判断，往往来自过往的经验。而AI思维其实与人脑思维有些相似，具体而言，AI营销是利用用户数据和人工智能概念来预测用户下一步行动并改善营销过程中用户体验的一种方法，它所依托的关键要素包括：大数据、机器学习、更智能搜索、更智能的广告投放、更精准的内容交付等等。

本质上，人工智能模拟的是人脑，但又不同于人脑，AI思维是从数据产生模型，如果遇到新的输入，人工智能就能通过模型做出准确的预测。AI思维与人脑思维的相似点在于，AI思维也是通过对过往的分析习得规律，得出结论，但是AI思维分析过往数据的过程是不同的。在实际应用中，关于AI，不同行业的人站在不同的角度，都会有不同的理解。在一个IT工程师眼中，AI代表着数据、算法、FPGA、深度学习等；而在企业首席执行官看来，AI是大市场、大数据，是精准营销；在投资人眼中，AI则是革命、融资、变现等等。总体而言，每个人对AI都有自己的理解，AI是复杂的，因而也是充满魅力的。

在信息爆炸算法决策高度发达的今天，仅凭以往经验做判断做决策的思维模式已经显现出弊端，而那些掌握大量数据和科学决策工具的人，早已经成为你前面的领跑者。AI可以说是人类经验的数字化形式，就像人从经验中获得规律一样，AI能够根据数据形成模型。一旦遇到新场景的输入，模型就能做出判断，产生预测。AI的这种思维能够充分利用数据，尽量减少主观臆断，以我们想达到的目标为中心，挖掘规律形成模型，运用模型，产生预测。

在商业世界里有一个名词叫阿尔法收益，阿尔法收益是相对于贝塔收益而言的，贝塔收益是一种基准收益，而阿尔法收益是在贝塔收益期望之上的超额收益，是积极操作所带来的投资回报。就好比我们理财一样，央行的基准活期年利率是0.35%，就是说我们有一万元放在银行存活期，一年可以赚到35元，而央行年利率提高0.1%，我们就多赚10元钱，这个就类似于贝塔收益，就是我们积极操作所带来的阿尔法收益。1%的阿尔法就意味着比市场带来的投资回报多了1%，不容置疑，无论在哪个市场，你都有希望跑赢它，都希望能找到属于自己的正向阿尔法。AI思维的作用就在于它能带着你的认知更上一层楼，赋予你跑赢大盘，产生高阿尔法的能力。

AI的产生使得营销支出的决策更简单、更高效、更划算。这是一个新时代，数字营销人员将全面利用AI来简化工作流程。就目前来看，AI营销主要包括语音搜索和输入、语音任务播报、有声阅读、智能语音助理、远程身份认证、图片与视频搜索和推荐、个性化内容推荐、目标用户分析、商业线索挖掘、精细化运营等领域。借助大数据能力，AI营销可以做到打通线上线下数据，帮助企业深度了解用户，助力精细化运营。

过往的经验确实能帮助我们做决策，尤其当我们不得不根据模糊的信息进行判断的时候，经验能够发挥巨大的作用。然而，落后于时代的思维，其产生的收益必定比他人低，而且会越来越低。要想改善这个现状，我们就需要进一步了解AI营销，充分运用人工智能的优势和长处，用更高的运算能力去寻找我们梦寐以求的阿尔法收益。某种意义上来说，AI人工智能就好比一个可预知未来的水晶球，掌握了AI思维和AI营销的奥秘，你就可以做出科学意义上最佳的决策，产出前所未有的收益。

新时代的商业逻辑，"云+AI+5G"的超级聚变

2019年11月6日，在"咖啡对话"访谈现场，华为集团CEO任正非提到：人工智能从提出到今天已经有70年了，为什么还没有真正意义上的普及？这个问题答案显然有些复杂，除了硬件科技的发展限制，比如超级计算机、超大规模存储、超速链接等技术还未全面普及，另外一个巨大的限制其实是人类自己。

纵观人类历史的发展，农民主导了农业革命，工人主导了工业革命，那么AI革命呢，毫无疑问，需要AI技术人才来主导。在业界引入更多的AI专家作为产品指导，将学术、科技融入企业产品和服务的开发非常重要。但该领域人才数量还远远不够，现在关于AI技术、神经网络、机器学习等领域的培训资源仍然非常稀缺，建立相关的人才库来推动AI的应用刻不容缓。

除此之外，目前大众对AI的认知还相当有限，导致一些"伪AI"概念混淆视听。比如有些公司虽然拥有强大的数据库，但是并没有相应的AI技术来进行数据处理和分析，仍然依赖于人工处理，或者是拥有部分AI技术，但没有渠道资源和营销经验，在AI营销过程中，只有个别营销流程中的AI参与，未能进行系统整合。这些"看起来很美"的AI营销模式，其实仅仅是传统的大数据分析营销，还未触及"真AI"的关键环节。我们需要不断强化深入对AI的认知，去伪存真，最终才能"拥抱"真正的AI，让AI赋能营销。

当前，手机是5G运用最热闹的领域，当5G宣布正式投入商业启动的

时候，所有的厂商们都争先推出自己品牌的5G手机，酷炫的功能令人眼花缭乱。这里需要理清一个概念，5G这项变革性技术的应用注册战场在千行百业，它为智能化产业而生，并不仅仅为手机而来。国际电信联盟定义了5G三大应用场景：增强型移动宽带、海量机器类通信、低时延高可靠通信。逐一拆开来看，每一应用场景都为产业智能提供了强有力的支撑。

顺着这个思路我们可以看到，超级计算机、超大规模存储、超速链接，分别与云、AI、5G等今天的技术相对应。换言之"云+AI+5G"是走向智能世界的重要引擎，他们并非孤立存在，而是像几个较轻的原子核聚合成一个较重的原子核那样，用一连串的超级聚变引领智能革命前进的脚步。而作为一种"超级聚变"系统，"云+AI+5G"引领的产业智能革命才刚拉开序幕，在智能化营销的深度、广度、裂变程度，都要更加深远。

我们先来看"增强型移动宽带"。5G速度相比4G提升了10倍，超高清视频、VR/AR的体验将得到极大提升，移动电影院、共享线上"首映礼"都将成为可能。除此之外，图像识别、视频识别等机器视觉在智能工厂中越来越多应用的时候，5G的"增强型移动宽带"不仅能让机器视觉类多媒体传输更加快捷便利。

再来看"海量机器类通信"，5G商用后，每平方公里可链接100万台设备，可以支持每小时500公里以上的移动速度。这样，只要传感器的数量足够多，就可以瞬间完成海量的实时运行数据的采集，这是物联网的关键环节，也是万物互联的第一步。

此外，5G技术支持无人驾驶、远程医疗等工业互联网中需要无缝响应的作业场景。5G的出现，让产业智能有了一个飞跃，从典型场景到细化产业，还有许多中间场景，而这些中间场景恰恰是5G应用的广阔天地。

5G商用后，如果按照传统的云、网、端的传输模型，把所有终端的数据都传送到中心云上，接入终端数量将是现在的十倍、百倍。来回一趟，不仅会造成"数据堵塞",还会把5G的超低延时给消灭了,需要秒级响应的智能驾驶就无法实现。

对于智能化营销而言,无论是传统消费者行为模式还是数字化时代消费者行为模式,企业进行营销的根本目的还是为了提升产品销量,促进产品销售。但是广告效果好,实际产品销量却不一定也有这么好;同时也有一些广告效果糟糕,但实际销量极佳的商品存在。在传统模式下,很多企业为了评估广告效果一般会以广告对用户的触达率作为指标,以此做出量化评判。

然而到了AI和5G时代,这种评估方法已经不再适用了。如今发达的物联网和超快网速可以让消费者随时自己选择到底要不要接受这些广告信息,仅仅是让观众看到你的广告是不够的。在5G技术的加持下,数字化传播技术与传统广告推广从过去的"单向传播"变成了如今的"双向互动",消费者不再仅仅是信息的接收者,更是主动搜寻信息的搜索者,甚至是广告信息的传播者。

AI营销深水区,完成从数据到价值的历程

最近几年,从埃隆·马斯克到马克·扎克伯格,几乎所有科技商业大佬都在谈论AI。在中国,人工智能已经成为众多企业,尤其是科技公司的新方向,各类媒体也对AI一词饱含热情。那么,当营销进入深水区,AI对企业发展的意义都体现在哪些方面呢?

首先,AI可以使企业的营销更加精细化,能够让企业的用户画像更立体更清晰。比如企业不仅可以通过AI了解用户的年龄、性别等基本信息,

还能准确判断用户的性格偏好、行为习惯等，从多维度综合画出丰富具体的用户画像，从而制定更精细的营销策略，提供更精准的服务。其次，大量的实践表明，AI在感知方面比如视觉、听觉、语音分析等方面十分接近人的大脑，加上海量的数据支持，AI甚至正在逐步超越人类大脑。

可见，在人工智能的整个生态系统中，数据既是根本也是重点。在现代社会，数据无处不在，而且生生不息，越来越多。我们每天的所看所感都可以转化为数据，这些数据就是各种行为和现象的记录。特别是在互联网如此发达的当下，我们能够接触和获取到的数据更为多维、多样而且庞杂。当然，这对于人工智能的运用来说，完全是一件好事，因为人工智能的运行离不开数据的支持，对于人工智能来说，数据更多，就相当于资源更丰富。人工智能通过数据驱动决策而产生的变现是我们能够真实看到的，比如优化提升的用户体验，实打实的业绩、利润，或者是口袋里不断飙升的年终奖。

有了充分的数据，就等于是为人工智能这个系统备足了原料，接下来我们就来看一下，AI炼金术是如何从数据中挖掘出营销价值的。综合下来，其整个过程包含了以下四个步骤（如10-1），我们来有针对性地进行系统分析：

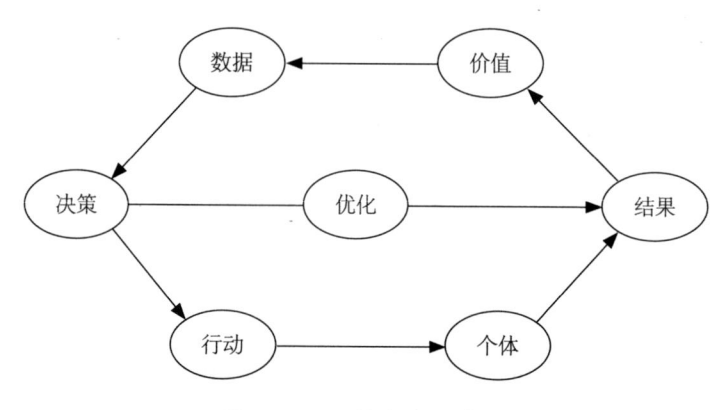

图10-1　AI炼金术四步骤

第十章 | AI营销：企业如何借助数字化让品牌推广更立体

一、从数据产生决策

消费者千千万，每个人都有各自的喜好和选择，所以他们的行为是多元化的，人工智能可以综合运用大数据信息来灵活运用产品信息，快速明确用户的需求并进行匹配，从而有效地将用户最需要的产品推荐给他。

二、决策要尽可能具体

为了让用户体验最优化，人工智能会不遗余力提升用户的满意程度，从而有效地完善自己与用户之间的互动沟通，从数据到决策的过程让我们知道了不同用户的多元化需求，接下来我们需要更深入地明确自己的行动方向，深入到个体，根据目标用户的具体喜好来分析需求。这个过程也是我们在数字化营销时代战略中所要追求的核心重点。它是我们利用AI思维创造价值的关键，倘若没有在这件事上达到立竿见影的效果，那么所谓的后续，也就根本看不到下文了。

三、个体产生结果

在得到一系列商品推荐后，用户开始做出相应的行动。人工智能的价值体现就在于，它能够更好地完成与用户之间的互动，利用前沿科技调动用户最为青睐的产品选项，以至于很多用户都惊讶地问："这到底是什么，为什么能够看穿我的心？"这种富有趣味性的购物体验，显然是很受用户认可的，而对于熟练掌握AI思维逻辑的人工智能而言，无论哪一类用户，无论哪一种需求，它都可以快速地通过提取数据演算出来，而最终它的推荐位往往要比销售人员的直觉更为精准。可以说在"大数据"的加持下，人工智能显著提高了用户的满意度。

四、实现价值

2018年百度发布的《AI赋能营销白皮书》里认为，AI技术将有助于实现"全场景的营销升级"，可以说人工智能的出现，不仅满足了用户的需求，同时也给用户带来了更好的消费体验。这对于商家来说又意味着什么呢？你可以说商家从中获得了机会，甚至可以说促成了一种行之有效的跨界合作方式。除此之外，人工智能还可以通过识别用户历史消费数据等，进行更为精准的营销策略，而这一切从始至终都在源源不断地创造价值。

从数据到价值，人工智能通过对大量数据进行学习，了解用户的需求，定向合理地推荐一些符合用户品位的产品。对于用户来说，他们能够及时获取最符合自己兴趣和心意的产品。满足了自身预约购物的需求，对于商家而言，人工智能直接提升了营销过程中的决策质量，也就是说，我们可以通过数据和人工智能准确理解每个人的潜在动机，从而最优化决策，达到各自理想的目标。

大数据包罗万象，能够将许多看似并不相关的事件联系在一起，使我们能够更加清晰明了地把握事物发展的趋势，跟上瞬息万变的社会潮流。从这个角度而言，AI营销思维的核心竞争力其实就是去平均化的能力。所谓的平均化思维，指的是无差别化，每个人、每个产品都同质化。而去平均化，则是肯定人与人，环境与环境的差异性，不同的人有不同的想法和喜好，根据这些差异化需求产出差异化体验。如果能够合理地加以使用，无疑将会带来更高的生产力和更合理的资源利用方式，其产生的价值和潜在价值都是不言而喻的。

在这个高度数字化的时代，谁掌握了大数据，谁就掌握了主动权，而令人惊喜的是，想要得到这个助力工具并不算是一件多么困难的事情，只要我们具备了AI营销的思维模式，我们就随时可以把控自身的机遇和选择，也随时可以将主动权攥在自己的手里。数据就像是一片汪洋大海，它浩瀚无垠，一望无际，对于我们而言，心中的渴望无疑是在这无边的大海中，寻找到自己所需要的东西，AI思维则正是我们在数字化数据海洋里冲浪的"神兵利器"，正所谓"长风破浪会有时，直挂云帆济沧海"。既然大数据的时代已经到来，我们不妨以AI营销思维为舟，朝着更广阔的数字化营销海洋破浪前行。

第十一章

跨界营销：
商业巨变的核心"风暴"

数字化营销 | SHUZIHUA YINGXIAO

颠覆传统，跨界与营销的强强联合

跨界营销已经成为时代发展的趋势，各行各业的营销人士对跨界营销相当重视，越来越多的知名品牌纷纷借助网络的力量，寻求互补互利的跨界合作。企业要想顺利跨界，尺度很重要，跨得太小，覆盖面小，影响力自然有限；跨得太大，可能又无法有效掌控与管理，甚至还有可能被牵着鼻子走。

随着移动互联网的加速发展，智能产品和服务出现了井喷的现象，传统企业纷纷跨界进入移动互联网，只要打开相关的生活服务网站，无论是K歌、吃饭、看电影，还是搭车、订机票，都可以轻松搞定。快捷移动物联网已经为传统企业带来颠覆式的盈利模式，使用户与产品之间的连接更加便捷。

马化腾说："移动互联网就像电一样，过去有了电能让很多行业发生翻天覆地的变化，现在有了移动互联网，每个行业都可以拿来用，改造自己的行业。""互联网"不仅正在全面应用到第三产业，形成诸如互联网金融、互联网交通、互联网医疗、互联网教育等新业态，而且正在向第一产业和第二产业渗透。

所谓快捷营销的目的无外乎是开发自己的潜在用户，吸引用户。

一、连带产品跨界使企业的盈利模式得到扩展

大多数人认为，快捷只是某一种产品或者某个行业与其他产品或行业的合作。其实，这种理解是不科学的。跨界可以是多元化的，多渠道的，它可以带来空前绝后的连锁反应，在整个链条中实现良性循环，运转作用于新时代的数字化营销品牌产业。

举个例子来说，你开了一家书店，可以跨界经营茶饮行业、购物行业、讲座行业等，打造不一样的主题，给用户带来多元化的体验。这样的连带快捷不但能让你的产品更有卖点、更好玩，还能带来更大的盈利。

再拿粉丝经济来说，粉丝经济最早来自"超女"，超女粉丝们都有充满食欲的名称，如"玉米""凉粉""盒饭"等，粉丝团长们振臂一挥，粉丝们奔走相告，这些粉丝群体的聚集和行为催生出粉丝经济的雏形。

随着社会经济的发展，粉丝经济摇身一变，粉丝群体成为明星们吸金的重要渠道，形成了一种崭新的商业形态，当然，明星要挣钱，粉丝舍得花钱，两相情愿。直到今天，粉丝经济已经不仅仅限于明星，产品制造上也开始玩起了粉丝经济，这种连带跨界使企业的盈利方式也得到了扩展。

二、跨界符合用户需求，就能获得利润

跨界并不是一件容易的事情，想要跨界成功，就必须符合用户的需求，因为只有用户需要的产品，才有可能卖出去，企业才能获得利润，鲜花饼就是一个很好的例子。

鲜花饼的跨界指的是"我是花吃"的鲜花饼。这场"秀"让"我是花吃"鲜花饼人气暴增。在内测期就月销8万枚，上线一个月销量就突破了

20万枚，并频繁与《逻辑思维》、褚橙等同台亮相。

在互联网知识社群《逻辑思维》为庆祝粉丝突破250万而举办的聚会上，"我是花吃"创始人受邀参加。此外，"我是花吃"还出现在《逻辑思维》众筹实验室推出的主题"这些企业也都很牛，我们愿意为他们背书"中。

"我是花吃"紧接着又与褚橙搭档亮相于本来生活网，9粒褚橙+6枚鲜花饼组成"两种关于香甜的欲罢不能，一种关于创业的向上力量"主题礼盒，一度售罄。

这两次跨界营销都为"我是花吃"带来了不错的曝光率和销量，品牌触达率迅速提升。当然了，这并非"我是花吃"的全部，鲜花饼只是"我是花吃"的一种产品，他们想要做的，是立足云南的鲜花产品，打造一条丰富的鲜花衍生食品链条。由此可见，跨界营销不仅能够给企业带来销售的成长，而且还能实现互赢。

三、跨界推陈出新，吸引更大流量

当企业准备推出新产品的时候，其后续的产品理念和服务理念，首当其冲就是要打动用户，打动消费群体，而这时候能量的输出与知识的输出，就会成为大部分企业的一贯做法。虽然就传统营销模式的输出方式而言，其内容的能量确实能够起到一定范围的积极作用，但即便如此，从时代角度来说，还是会因此受到诸多局限的。那么有没有什么更好的方法，能够切实有效地将营销模式渗入消费，让自身的产品绽放出多元化的、多渠道的营销魅力呢？产品的输出从营销角度来说，首当其冲是理念的输出，内容的输出，而理念与内容的价值是无限的，它的存在并没有一定的界限，而所谓的界限都是由企业运营者自行划定的。就此我们便看到了新型数字化营销理念的革新，一个理念，不同的跨界，不同的流量运营，将大众的关注度、认同度以多元化的方式聚拢，最终导入品牌本身，这就是这个时代跨界运营效应的核心所在。

由此可见，跨界式营销成为当下数字化时代最富有竞争力的核心营销方式之一。它利用多元化的渠道，将产品与其本身毫不相干的营销模式产生链接，从用户的需求，到用户所关注的模式，将文化与产品，内容与消费，再到品牌推广中多元化的传播媒介，层层递进深入，源源不断地将用户流导入。看似平常的一次跨界，却与不同的媒介和渠道产生链接，因为有了链接，所以脉络变得更为深广。跨界让营销模式摆脱了传统的局限，向更为多样、更富有活力的方向伸展迈进，就此产品不再是产品本身，而是一种品牌与新型行业的链接工具，伴随着数字化的推衍，将营销的利器发挥得更为精准。

2020年第一季度，各大乳业上市公司的净利润都出现了相对下滑，因为受到了疫情的影响。面对严峻的外部环境，作为北京乳业的龙头企业，三元股份积极采取应对措施。从2020年第二季度开始，其经营业绩稳步回升，而到了2020年二、三、四季度均实现了盈利，很多人都十分诧异，在这样的特殊时期，三元是怎样做到的呢？事实上在这看似飞越的业绩下，三元的脱颖而出绝非是走运那么简单。

全渠道布局根植于品牌记忆，三元不单单通过跨界快闪、内容种草、冠名《跨界歌王》等传播途径走进年轻人的圈子，在焕活品牌的同时也源源不断地传递多元化的自身价值。

由此看来，在数字营销时代，无论是搭载高流量平台还是跨界推出自身的优势产品，跨界营销都是企业增加流量的一个有效砝码。通过大数据的推演，我们能有效看出用户核心价值理念的取向，也能够推算出最能受到用户关注的营销模式。除此之外，我们还可以对当下的跨界联脉行业做出精准的优化和选择，有效扩充自身的流量，吸引用户聚焦和关注，打开企业营销渠道的被动局面，快速提升品牌营销的效率，增强发展的媒介，在有效巩固自身实力的同时，将更多的新型能量导入到后续的能量池中，使其成为一笔财富，不断形成链接，不断作用于自我。

跨界营销，没有"1+1=2"那么简单

企业一旦选择跨界营销，销售渠道自然而然就会多起来，从而使得更多的用户了解合作品牌的产品和理念，特别是在互联网的背景之下，信息相互共享和开放，企业可以通过这一渠道实现利益最大化的增长。跨界并不是像"1+1=2"这样的计算方法，单纯的等式计算已经不符合当下对于数字化营销的迫切需求，跨界合作是为了拓宽营销和销售渠道，增加曝光量和关注度，从而让企业获得更多的利益营收。从这一层面来说，离不开"互联网+"这个话题。

"互联网+"一经出现，一系列围绕这个话题的概念纷纷破土而出，比如"互联网+金融""互联网+新媒体""互联网+营销"等等方面。不过企业应该注意的是，互联网同企业相互结合，更多的是一种工具和使用手段方式的结合，而不是把互联网作为主体进行打造。比如"互联网+金融"，仍旧是以金融产品作为企业发展的主体，只不过是借助互联网快速发展带来的新的手法和机会，注入金融企业当中，使金融企业新的活力与动力激发出来。这一方式在其他领域也是相通的，互联网模式之下，企业应当时刻将提高和发展作为企业建立的核心所在，充分利用互联网实

现资源的全面获取，运用互联网手段，将可以接触到的资源进行分配和利用。

"互联网+"的深层次含义，实际上说的是，不管是什么企业，利用互联网这个工具和手段去搭建一种新的业态或者是新的环境，这种业态和环境，并不是"1+1=2"的模式，而是一种"1+1>2"的效果。在工具的使用上是如此，在企业之间的协作上也是如此。比如说腾讯和小米的合作，两者并不是在技术上进行交流，而是相互之间在品牌的宣传推广上进行渠道的开发，腾讯利用小米超高的产品质量和人气，为自身进行推广，小米则借助腾讯强大的流量池和高超的社群功能，为自身产品的推广铺路。因此要达到"1+1>2"的效果，企业要在原有优势的基础上选择能够进行优势互补的企业进行合作，才能实现行业跨界，强强联合。

跨界营销的深层次含义指的是，原本并不相关的企业，但是在品牌内涵和产品功能以及目标用户等方面有一定的必然联系，二者可以通过进一步的合作和深度的互动，在品牌内涵、品牌形象以及品牌关注度等方面得到相互促进和提升，使得服务和产品营销互通而跨界协作。企业可以通过跨界协作吸引其他企业品牌的粉丝群体，打造一个更新更大的销售圈子，让各个领域的用户对企业的产品和品牌产生兴趣，甚至成为黏性用户。

虽然说企业之间的跨界，有一些是在完全跨界的基础之上进行，二者之间并没有很大的关联度，甚至是完全不同的行业，进行相互合作。然而，企业跨界更多的是以具有关联的价值性元素作为纽带，通过跨界使得协作的企业品牌之间相互融合，让企业品牌拥有一种更全面的立体感，向用户提供更全面的特征展示，并且在协作之中产生新的亮点。所以说企业在进行跨界营销合作的时候，最关键的一个环节是挖掘二者之间共同的价值和元素。共同的跨界价值元素是企业决定同哪些企业进行协作的前提。

当下社群粉丝经济以及大数据的冲击，使得很多企业都不可能再进行单打独斗，独自发展已经不再适应于市场竞争。只有通过多方跨界合作，加深资源整合，寻求更多的合作伙伴，开辟更为广阔的市场，才可以为企业谋求更快更好的发展蓝图。

跨界营销是以互联网为背景，突破传统营销模式，为企业以及品牌自身量身打造的一种强大的营销联盟互动平台。跨界营销的合作方并不存在上下游的垂直关系，合作方之间是一种平等的交流互动关系，实际上它是一种错位合作战略。这一合作模式的最大优点就在于，参与跨界营销的企业可以不增加其他投入，就能让自身的资源利用率得到有效提高和提升，通过渠道的共享，实现跨界企业品牌一体化传播，借助合作方的品牌影响力，扩大自身潜在用户资源，提高营销成功概率。

不过要注意的是，跨界合作的建立需要一个前提条件，参与其中的企业都不存在资源冲突和同行竞争的局面，这也就是说，跨界合作的经营者，其经营领域必须错开，在这样的基础之上，才能实现资源的共享和合作共赢。这一模式不光应用在行业内深耕多年的企业之上，对创业初期的公司来说更为有效，对由于互联网的冲击导致业绩下滑的传统企业来说，跨界营销更是能够成功突围的最佳方式。

第十一章 | 跨界营销：商业巨变的核心"风暴"

从跨界到无界，及时触网适时转变

企业的营销行为是为了将自身的产品售卖出去，进行营销首先是为了让新用户了解并购买自己的产品，其次是能够让已经购买产品的用户再次进行购买。跨界营销可以通过参与合作企业优势的互补，拓宽销售渠道从而实现这两种营销目标。

需要注意的是，跨界营销的目的虽然是开发企业存在的潜在用户，吸引新用户的眼球，激发他们的购买欲望，整合两个不同行业间的消费用户和用户群体，但是也需要抓住老用户，注意老用户的用户需求。消费者在日常的消费中可能会形成固定品牌使用的习惯，这时，两者具有相同属性但是功能型不同的产品之间相互联合，可以使两者形成有机联系，消费者在之前固定化的品牌使用基础上，了解到了新的产品，可以完善消费者的消费体验，对消费者的消费习惯进行改变，促进消费购买。将两个不同的产品结合起来，使消费者在使用一种产品的时候，不由地选择另外一种产品，这便达到了跨界营销的最终目的。

由此可见，跨界营销如果想要获得成功，必须将消费者的消费特征、消费行为等等各个方面考虑在内，分析消费群体可能发生的各种行为，进而思考运用何种营销策略，能够让消费者在体验上得到提升，从而推出新的产品，使产品能够符合消费者的需要，刺激消费者的购买欲望。

现代企业的营销理念已经发生了翻天覆地的变化，企业营销也不再单纯依靠传统的模式，而是追求满足用户群体更高层次的需求为目的促进消费。从这一方面来说，了解用户在当下显得更为重要，那么如何了解用户呢？数据可以为企业跨界营销提供清晰的脉络，并且可以让企业时刻掌握市场的潮流和发展的方向。

一、数据库管理

企业的发展离不开自身精准的定位，包括企业的战略定位、业务发展目标定位和方向上的定位、用户群体定位、行业竞争对手定位等等，只有有针对性的定位才可以根据定位挖掘出相关的数据信息，建立起符合企业自身的消费群体数据库，制定适合企业发展的营销战略。所以企业要建立相关的数据库，对用户的需求和用户在购买过程中留下的相关信息进行记录和分析，让这些数据成为企业分析报表中的一部分，在未来才可以针对目标用户群体进行更好的营销手段的开展。数据化管理模式一定会成为企业未来营销的一个发展方向。

二、自动化营销

互联网技术手段的提高，不仅仅带动了企业之间的跨界营销，企业内部也通过新的软件工具的使用，替代了原来只能用人工进行数据采集的低效率的方式，降低了人为处理数据产生错误的风险程度，让企业有更多的时间专注在战略规划等关键领域上，获得更多的收益。

三、多渠道整合营销

"全渠道"这个概念是在2011年被提出的，它由全美零售商联盟提出，与此同时，谷歌公司也提出了"ZMTO"零点接触营销数这个概念，它的含义是指，消费者在没有接触到产品之前，就可以通过网络了解到相关的产品，当产品问世时，可以让消费者主动地接受产品并产生消费行为。

四、智能化营销平台

邮件的产生为市场营销拓宽销售渠道提供了一条路径，然而刚开始产生时应用的是人工操作手段。智能技术的发展，使得企业更加思考如何采用自动化营销，提高效率并且直接触及用户。基于这样的需求，市场开发了许多智能化的营销平台，这些平台以多渠道数据共享和大数据分析的模式，把智能化作为软件发展的基础，在邮件、微信、App等平台上，实现全网内容自动化推送。

五、终端化营销发展

智能手机使用群体的广泛增长，带来了巨大的消费群体，未来这一态势，还会不断加深。因此，移动智能手机端拥有十分具有前景的市场潜力。伴随着无线通信技术的开发和进一步发展，企业营销可以基于终端平台这一基础，通过移动终端App内容输出，为消费者提供更多的让步和优惠，在方便消费者购买的同时，满足其消费诉求。